GABRIELA MISTRAL PARA NIÑOS

FICHA BIBLIOGRÁFICA

MISTRAL, Gabriela

Gabriela Mistral para niños / edición preparada por Aurora Díaz Plaja; ilustraciones de Arantxa Martínez - 1.ª ed. - Madrid: Ediciones de la Torre, 1994. - 128 pp.; 15 x 21 cm. - (Colección Alba y Mayo. Serie Poesía; n.º 35). D. L.: M. 30.423-1994 - ISBN 84-7960-078-0

I. Díaz Plaja, Aurora, ed. lit. II. Martínez, Arantxa, il. III. Título. 087.5:860-1"18/19".

GABRIELA MISTRAL PARA NIÑOS

Selección y prólogo por
Aurora Díaz Plaja

Ilustraciones de
Arantxa Martínez

EDICIONES DE LA TORRE

MADRID 1994

*Aurora Díaz Plaja nació en Barcelona el 7 de agosto de 1913. Bibliotecaria
por la Escola de Bibliotecàries de la Generalitat de Catalunya (en 1933)
y periodista de la Escuela Oficial de Periodismo (promoción Poblet 1953).
Autora de cuentos infantiles, biografías juveniles y libros de biblioteconomía.
Teóricamente jubilada, sigue en la brecha en su actividad como crítica de libros
infantiles y promotora de bibliotecas escolares.*

*Arantxa Martínez nació en Madrid, donde cursó estudios de dibujo y pintura.
Posteriormente se formó pictóricamente en el taller del pintor Enrique Sobich.
Actualmente es profesora de pintura en el Centro Cultural Valverde.
Ha participado hasta el momento en diversas exposiciones pictóricas en España
y Francia. Éste es su primer trabajo de ilustración de libros.*

© De esta edición: EDICIONES DE LA TORRE
Espronceda, 20 - 28003 Madrid
Tel. (91) 442 77 93
Fax (91) 442 59 40
ET Index: 255AMP35
Primera edición: diciembre de 1994
ISBN: 84-7960-078-0
Depósito Legal: M. 30.423-1994
Impreso en España/*Printed in Spain*
Gráficas Rógar
Fuenlabrada (Madrid)

INTRODUCCIÓN

A Celia Viñas *(in memoriam)*, también maestra y poetisa.

Agradezco a Ediciones de la Torre haber aceptado con entusiasmo mi propuesta de una *Gabriela Mistral para niños:* así puedo incluir un libro de la gran poetisa americana en la guía de lectura de premios Nobel con lecturas para niños y adolescentes. Es estupendo poderos ofrecer a vosotros, lectores juveniles, la gran belleza y ternura de Gabriela Mistral y el perfil humano de una maestra que amó a los niños, a la naturaleza y a la vida.

El país que vio nacer a Gabriela Mistral

Antes de conocer la vida de una figura admirable, bueno es conocer el escenario donde nació y se desarrolló su infancia, donde aprendió a leer y a querer. Así, pues, estudiaremos el país que fue su cuna: Chile.

Chile es como una larga serpiente apoyada en los Andes —cordillera con montes de casi 7.000 metros— por su flanco derecho y remojando el izquierdo en las aguas saladas del Pacífico. La cabeza en el norte, más ancha, vigilando todo el largo del cuerpo, y la cola en el sur, desparramada en mil islotes, como si se hubiera desintegrado tras el enorme camino de los 4.300 kilómetros que median entre la cabeza del reptil, cuyo frontis toca el Perú, y el extremo sur de la cola, entre glaciares de la Antártida.

Es el país más largo que existe en nuestro planeta y presenta colosal la desproporción de su superficie, a lo ancho tan angosta que no llega a 200 kilómetros de promedio, siendo la anchura máxima de 300 en el norte y mínima de 50 en el sur. El área es de 740.000 kilómetros cuadrados y su población es de 8.800.000 habitantes, lo que viene a resultar unos 12 habitantes por kilómetro cuadrado.

En la mitad de la cordillera de los Andes, frontera natural que separa Chile de su vecina más próxima, la República Argentina, está el Cristo de los Andes, a cuya sombra nació, en 1889, la mujer sensible que se llamó Lucila Godoy Alcayaga, y no Gabriela Mistral.

Su vida familiar y su nombre poético

Escoger este nombre para firmar sus poemas fue una prueba de amor a la belleza de la poesía. Como lectora juvenil admiraba mucho a dos poetas muy lejanos geográficamente: el italiano Gabriel d'Annunzio y el provenzal Frederio Mistral. He aquí como una maestrita del país más remojado por las aguas del océano Pacífico se autobautizaría con dos nombres mediterráneos.

Su nombre verdadero era, como hemos dicho, Lucila Godoy Alcayaga y nació el 7 de abril de 1889 en Vicuña, ciudad pequeña del norte de Chile, en la comarca de Elqui y zona de La Serena. Su padre, Joaquín Godoy Villanueva, estudió en el seminario y casi llegó a ordenarse pero conoció a Petronila Alcayaga, muchacha bellísima, y se casó con ella.

De esta unión nacieron Emelina y Lucila. De la abuela paterna, mujer con mucha personalidad e ideas avanzadas, Lucila heredó la curiosidad por todo cuanto la rodeaba. De su padre, que gustaba de inventar cantares como los típicos *payadores*, Lucila bebió los primeros romances y conoció, como auxiliar juvenil, los primeros trabajos de maestra.

Pero cuando quiso estudiar carrera, se encontró con una oposición absurda por parte del capellán de la Escuela Normal. Para aquel ser de mentalidad estrecha, la personalidad ya floreciente de Lucila Godoy era sospechosa y la tildó de «liberal y de pagana». Afortunadamente su hermana Emelina, ya profesora, y Pedro Aguirre, político, ofrecieron el contrapeso y la muchacha pudo estudiar con ahínco y provecho, siendo destinada al sur de Chile en donde inició con entusiasmo y eficiencia el ejercicio de su tarea.

Su nuevo destino la llevó a La Cantera. Era una mujer en plena juventud, con ojos verdes magníficos y la gallarda belleza de su madre. Y allí se enamoró fervientemente de un joven empleado en la compañía ferroviaria. Amor feliz pero de corta duración. Algo raro pasó al joven empleado con sus cuentas de contable. Y ante el miedo a su reputación manchada se suicidó de un pistoletazo en las sienes.

Para Lucila fue una tremenda desgracia pero quizás el mundo entero descubrió su poesía engendrada por el dolor:

> ¿Cómo quedan, señor,
> durmiendo los suicidas?

diría luego en sus poemas. Ella, que debió saber algún día la epopeya de Alfonsina Storni que se suicidó entre olas del mar del Plata, decidió plasmar en la poesía todo su dolor. Y su canto a la muerte la hizo famosa.

Fue entonces cuando dejó de ser Lucila Godoy, para adquirir su nombre impregnado de poesía mediterránea, Gabriela Mistral, y envió a los Juegos Florales de Santiago de Chile sus «Tres sonetos de la muerte». Así fue como se llevó la Flor Natural, la Corona de Laurel y una medalla de oro el 14 de diciembre de 1914. Tenía veinticinco años y Europa ardía en la primera guerra mundial del siglo. Pero sus poemas pasaron fronteras y fueron traducidos a muchos otros idiomas.

Así empezó su fama literaria que llegó a su cumbre en 1945, cuando se le otorgó el premio Nobel de Literatura. Cuando Gabriela Mistral recibió al representante diplomático sueco con la noticia, comentó secillamente con sus amigas Marta Salotti y Palma Nicolau: «Dicen que merezco el premio Nobel, pero quizás sólo sea un rumor.» Sus amigas le aseguraron que Suecia no mandaría a tal instancia a un representante del Nobel para hablarle sólo de un *rumor*.

Esta vez no podía dejar de presentarse a recoger el premio como lo hizo en Santiago treinta años antes; ni le hubiera sido posible asistir *camuflada* entre el público en su discreto traje de maestrita humilde, pues ya el mundo había conocido su rostro, su sonrisa, sus ojos claros.

Por otra parte, el principal motivo por el que dicen no se presentó a recoger el triunfo —el de no tener vestido decente— en los Juegos Florales de Santiago en 1914, ya no existía. Gabriela Mistral podía ir a Estocolmo con un elegante pero sobrio vestido de terciopelo. Por muy demócrata que fuera el rey Gustavo de Suecia, al fin y al cabo era un rey, y era ante su trono que debía presentarse la maestrita chilena.

Los salones de la Academia Sueca resplandecían de luces y de satisfacción espiritual. Cinco años habían permanecido a oscuras bajo la garra de la ocupación alemana. Fue la Comisión Nobel en Noruega la que preparó el premio doble, puesto que retrospectivamente se otorgó también el correspondiente al año 1944 al escritor danés Jansen. El de 1945 se daba a la poetisa chilena que se acercó, dulcemente, con suave timidez, hacia el monarca sueco. La maestra y poetisa no era de corta estatura, pero al lado de Gustavo de Suecia quedaba baja y fue el rey quien tuvo que inclinarse ante ella para entregarle el premio.

¡El premio Nobel de Literatura a una mujer chilena! ¡Hispanoamérica gana por primera vez el galardón europeo gracias a una poetisa: Gabriela Mistral! Gabriela, que por su natural tímido se escondió siempre del exceso de aplausos, ahora ha de emerger de su deseada soledad acompañada para siempre de su poesía.

Tras los años de guerra en que el premio Nobel no pudo concederse, el mundo entero estaba ávido de saber quién sería el primer escritor galardonado. Y se alegró de que fuera una mujer creadora de poesía la que se llevara el premio Nobel de Literatura en la paz tan duramente conquistada.

El jurado de la Academia Sueca apostilló la concesión del

premio con estas palabras: «A Gabriela Mistral, poetisa chilena. Por su inspirada lírica de sentimientos potentes que ha hecho de su nombre un símbolo para los anhelos ideales de todo el mundo hispanoamericano.»

El discurso de agradecimiento de Gabriela Mistral está lleno de maravillosa serenidad y de sincero patriotismo ante el galardón internacional. Ella, tan ciudadana del mundo y amante de suprimir fronteras físicas y geográficas, se sintió entonces profundamente sudamericana y así expresó su gratitud:

> Hoy Suecia se vuelca hacia la lejana América ibera, para honrarla en uno de los muchos trabajadores de su cultura.

En su otro camino profesional, el pedagógico, el ascenso fue notorio. En Chile dirigió el Liceo de Punta Arenas, y los gobiernos de muchos países solicitaban su asesoramiento en tareas didácticas y charlas sobre la paz, el amor, la poesía. Sus poemas estaban incluidos en cuentos, antologías y ensayos sobre literatura hispanoamericana y su magistral modo de enseñar era copiado por maestros nacionales e internacionales.

Así, el Gobierno mexicano solicitó su ayuda técnica para la reforma pedagógica en este país. Tras esto fueron las Naciones Unidas las que requirieron su colaboración y de ahí siguió hasta iniciar sus tareas culturales dentro de la Diplomacia. Y esto fue una suerte para los europeos, que pudieron disfrutar así de su personalidad. En el primer lustro de la década de los 30 viajó de Napolés a Madrid y de Madrid a Lisboa.

Son muchos los españoles que gozaron de su amistad y de su talento. En Barcelona, su perfil humano y poético fue diseñado con apasionado entusiasmo por nuestra primera periodista femenina, M.ª Luz Morales, en su libro *Alguien a quien conocí*. Habla de sus conferencias inefables en el Palacio de Pedralbes, que en tiempo de la República regentaba la Generalitat para residencia universitaria femenina.

No nos resistimos a la tentación de copiar textualmente las cálidas páginas de M.ª Luz Morales cuando glosa la charla de

GABRIELA MISTRAL

TERNURA

UNDÉCIMA EDICIÓN

*A la memoria de mi madre
y a mi hermana Emelina.*

ESPASA-CALPE, S. A.
MADRID

GABRIELA MISTRAL

NUBES BLANCAS

(POESÍAS)

Y

LA ORACIÓN DE LA MAESTRA

COLECCIÓN APOLO
EDITORIAL B. BAUZA
Aribau, 175 a 179
BARCELONA

GABRIELA MISTRAL
PREMIO NOBEL DE LITERATURA 1945

ANTOLOGIA

selección de la autora

prólogo de
ISMAEL EDWARDS MATTE

ZIG — ZAG

*Gabriela
Mistral*

ANTOLOGÍA

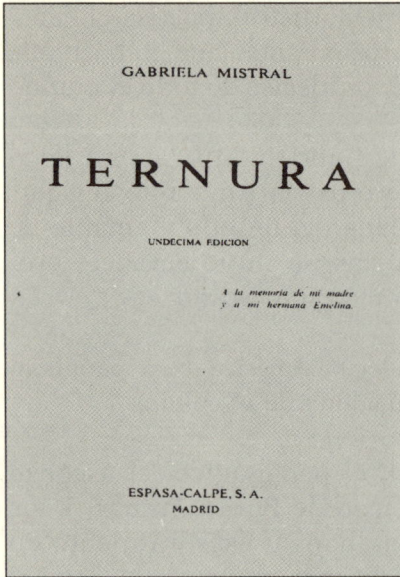

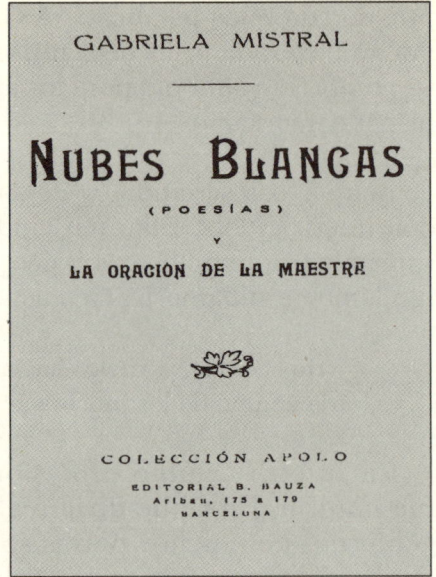

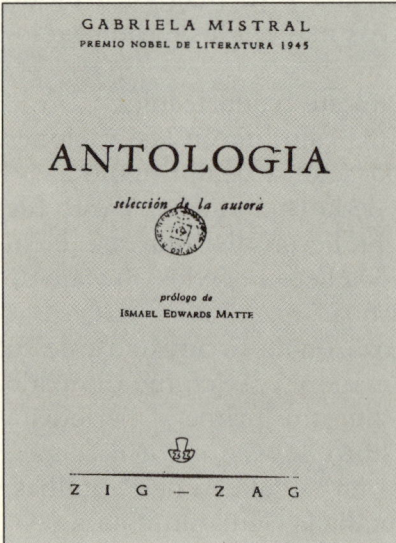

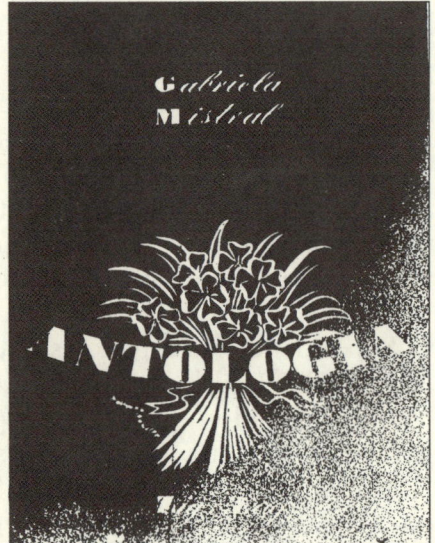

Tanto en vida como después de 1957, la obra de Gabriela Mistral ha conocido
numerosas ediciones de sus poemarios o de cuidadas antologías.

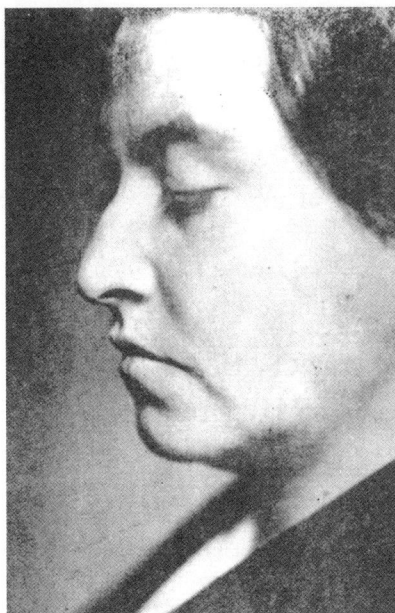

Gabriela Mistral en cuatro épocas de su vida.

Gabriela Mistral en la Universidad de Barcelona bajo el epígrafe de «Gabriela y Barcelona»:

Curiosa, inquieta, interesada por todo lo catalán, buceó la maestra en la geografía y la mitología de Cataluña; en el paisaje, el folclore, la literatura, en las instituciones de cultura, en los medios intelectuales.

Conoció gentes, hizo amistades: colaboró en alguna revista literaria catalana.

No eran el recato, la modestia de la viajera, ni la calidad de su poesía, propicias a atraer a las muchedumbres... Su conferencia de la Universidad fue, sin embargo, pronunciada ante un auditorio desbordante. El tema era en torno a algo tan entrañable para ella como «Poesía infantil». Hablaba la maestra con voz pausada, «opaca, y, no obstante, encendida», con cierta unción, sin gestos ni efectismos. ¿Qué decía...? Abominaba, no sin cierta energía, de la ñoñez al uso, de la simplicidad mentirosa que adoptan la mayoría de los autores al dirigirse al niño. Éste advierte la superchería, grave pecado, siempre, contra el espíritu, y prefiere las obras que no se escribieron para él: los viajes de Gulliver, el Robinsón Crusoe, las fábulas de Lafontaine y otros cien ejemplos. Señalaba como fuente inagotable para la literatura infantil el auténtico folclore, donde lo sencillo es espontáneo, donde todo es sincero y alcanza formas de belleza cabales, como arte que viene del pueblo, «este artista verdadero —decía— que jamás se esfuerza por crear, que canta o dice sólo cuando le baila dentro el ritmo o el canto». Y «no se tema a lo ordinario o soez, ni a lo impuro, en el lenguaje popular —añadía— el purismo extremado lleva a la sequedad; el lenguaje ha de ser expresivo, sin falsos pudores extremados, para tratar de lo humano, de lo vital». Su voz vibraba, más enérgica, al señalar, una vez, a maestros y maestras los peligros a que su profesión los expone: engolamiento, pedantería, dogmatismo. Y se disculpaba por haber tejido ella tantos versos infantiles, pese a no creer en la poesía culta para niños... Pero es que los compuso para sí misma —explicaba—, pues «no debemos abandonar nunca del todo lo infantil que en nosotros llevamos...». Tema en el que insistía: «Ni siquiera es hazaña que los queramos (a los versos infantiles); regustamos en ellos nuestra propia infancia; cuando no se hace este regusto, el ser se empala, se seca y se afea muchísimo...». Y reía, sin duda evocando la fealdad de los seres que parecen —los hay— no haber sido niños nunca....

Nada menos que Carles Riba fue el presentador de Gabriela en su conferencia.

Aparte de ésta, el Palacio de Pedralbes, residencia universitaria en los años de la República, fue el hábitat barcelonés de Gabriela Mistral y sus charlas eran sabrosas para las residentes. De la maestra chilena, aprendieron el entusiasmo vocacional las futuras maestras.

Pero además, el espíritu viajero de Gabriela, estaba plagado de sus vivencias por Europa y América y las conversaciones eran de gran visión humana y geográfica, entusiasmando al joven auditorio.

Tras aquellos días en Barcelona, Gabriela Mistral fue a Madrid en cuya embajada, como en todas desde que la Unesco la tenía nombrada como embajadora cultural en doquiera que estuviera, trabajó con ahínco en el enlace cultural de Chile y España.

Fue en estos años 1934-1935 de nuestra República, y antes de irse a Lisboa, cuando a Gabriela le ocurrió un emotivo suceso familiar. En la embajada chilena se presentó a verla un primo carnal suyo, con un niño de pocos meses en los brazos. Era un hijo natural y la madre había huido. Se lo entregó a Gabriela suplicante. Para Gabriela, siempre madre, aquello fue un regalo del cielo. Lo llamó Yin-Yin y empezó para ella su tercera profesión: la de madre, que no había podido ser pero que se había reflejado en sus poemas.

Fue feliz familiarmente como no lo había podido ser desde la muerte de su madre. El pequeño Yin-Yin creció a su lado hasta que, por segunda vez, la tragedia del suicidio se cernió sobre el corazón amoroso de Gabriela Mistral.

Volvamos a copiar de las páginas de M.ª Luz Morales:

Así en Petrópolis, el día 14 de agosto de 1943, Yin-Yin ingiere una fuerte dosis de arsénico. Y muere, voluntariamente, cumplidos apenas sus preciosos diecisiete años.

El dolor de Gabriela Mistral no conoce límite. Cree enloquecer. Se tortura en la búsqueda de posibles móviles del suicidio. Imposible hallarlos. «Estaré insensata y no tocaré fondo de estabilidad para mí misma mientras no entienda el absurdo...»

Hablan las gentes de líos de mujeres, desengaños de primeros amoríos, complejos... No, no. Gabriela rechaza esas y otras cien hipótesis.

«Las razones que me dan —clama—, que me agrupan, que me descubren, casi todas resultan inválidas: o tontas o débiles.» Se aferra a la idea de que a su Yin-Yin se lo han emponzoñado, embrujado, lo ha destruido (palabras textuales) «la maldad criolla». «Mejor hubiera sido no sacarlo de Europa —se dice a sí misma—, mas ¿cómo iba a quedarme, a dejarlo en medio de la guerra sin superlativo que vino? No. No hay quien me haga compreder —escribe a sus amigos más íntimos— que ese niño que se levantaba a media noche por haberme oído respirar mal, se haya matado en estado normal, sin que me lo hayan enloquecido con una droga cualquiera de las que abundan en los trópicos, o de las que manejan estas bandas de hoy.»

Otra vez será la poesía y su labor cultural lo que salvará a Gabriela Mistral de su dolor. Volvamos a su tarea incansable.

Su tarea diplómatica —la Sociedad de Naciones la tenía como enviada cultural— se desarrolló en Europa y América y es reflejada en sus múltiples colaboraciones en periódicos continentales americanos, ya que lo mismo era invitada a colaborar en Nueva York que en Bogotá o Madrid. Ismael Educords Matte, amigo suyo y autor del prólogo a su antología en la editorial chilena Zig Zag, dice de ella que no sólo por amistad, sino por justicia, el nombre de Gabriela Mistral lo incluyó entre la gente que «se molesta en esta apasionante faena del pensar y del sentir de acuerdo con los requerimientos y solicitaciones de este siglo de vértigo y neurosis».

Porque la vida y obra de Gabriela Mistral es quizás la vacuna contra estos dos males. La serenidad, la dulzura y el amor, silueteando su figura humana y su personalidad poética, pacificando las inquietudes sociales y psicológicas, sirven de antídoto a la vertiginosidad neurótica de nuestros días. Cuando le dieron el Nobel de las Letras, poco después, quedó desierto el premio de la Paz. Y pensamos muchos entonces que debiera haber sido para Gabriela Mistral.

Pese a su internacionalidad, Gabriela Mistral conservará toda su vida el sabor de su tierruca, y así dirá:

> Un río suena siempre cerca
> hace cuarenta años que lo siento
> es canturia de mi sangre
> o bien un *ritmo* que me dieron.
>
> Oh, el río Elqui de mi infancia
> que me repechó y me vadeó
> nunca le pierdo, pecho a pecho,
> como dos niños, nos tenemos.

Y a su valle entero cantará así Gabriela:

> Y yo te llevo, cual tu creatura.
> Te llevo aquí en mi corazón tajeado
> que me crié en tus pechos de amargura
> y daré mi vida en tus costados.

Magnolios gigantes, árboles frutales de exótico gusto como las chirimoyas y las papayas, rodearon los primeros años de Gabriela niña, cuando se llamaba Lucila. No es raro que lleve dentro de sí el paisaje que la vio nacer aun cuando muchos años vivió lejos de él.

La chilena que supo amar a su tierra, que la recorrió de norte a sur desde Antofagasta hasta Punta Arenas en su tarea de maestra rural, conoció y amó también su historia. De los años de la conquista española quedó un documento literario, el poema épico de Alonso de Ercilla, «La Araucana», en el que narra con imparcial sinceridad la valentía de los indios araucanos para defenderse de los conquistadores españoles, tras haberlos acep-

Gabriela Mistral en Barcelona, 1935. *Arriba* con la periodista María Luz Morales *(derecha);* abajo con la escritora y diplomática Palma Guillén *(izquierda).*

Después de recoger el Nobel, Gabriela Mistral viajó por Europa. *Arriba* con la señora de De Gasperi (Roma, año 1946). *Abajo*, en un homenaje a Alfonsina Storni (id.).

tado creyéndolos emparentados con los dioses por poseer el rayo del fuego.

Gabriela Mistral presenta la triple personalidad de maestra, poetisa y representante consular de su país. Tres profesiones que pueden entrelazarse con facilidad. Como maestra enseñó la poesía del idioma y la comprensión de todos los pueblos del mundo sin distingos de raza ni de religiones. Como representante de su país en otras naciones, ejerció el magisterio de sus charlas y conferencias y dio a conocer su poesía y la de otros poetas hispanoamericanos a los pueblos europeos en recitales y libros.

Y finalmente, como poeta, describió la importancia de la misión pedagógica y cantó la belleza del paisaje donde quiera que vivió. Dirá, así:

> Una de las cosas más perfectas entre las que se posan sobre la bandeja de este mundo es el cielo de Castilla, cristal de cristales, unas veces claro dulce, otras claro duro.

Poesía hecha mujer, he titulado este prólogo, y en verdad ésta es la sensación que se tiene leyendo las poesías de Gabriela Mistral tan emotivas como inteligentes. A lo largo de este libro biográfico desgranaremos fragmentos poéticos pidiendo mentalmente perdón a la memoria de Gabriela Mistral por la herejía que representa el mutilar sus poemas. Sírvame de excusa la sana intención que me anima: si como botón de muestra escojo sólo unos cuantos versos de varios poemas, tendremos más espacio para insertar mayor cantidad de ellos y más extenso será así el muestrario, es decir, el aparador de la exquisita mercancía que hemos de propagar.

«El poema, ¿cuándo nació? —se pregunta Gabriela Mistral—. ¿Fue en el monte en que se vino a los oídos, como moscardón insistente? Ocurrió cuando el corazón empezó a ponerse largo y pesado.» Así describe la poetisa chilena el cosquilleo previo a toda creación poética: con palabras justas y sencillas. Sí, muchas veces se le puso el corazón *largo* y *pesado,* pero también en otras se le hizo *breve* y *alado* para inspirarle alegres canciones de ronda y juegos infantiles.

Su muerte, acaecida el 10 de enero de 1957, cuando estaba viviendo en Hempstead (Nueva York), fue llorada por todos los hombres de buena voluntad en aquel tiempo. Pero allí ocurrió algo que Gabriela Mistral no hubiera tolerado: el excesivo maquillaje de su rostro. Tal como si resucitara a la vida. Fue una suerte que su resurrección no fuera real, puesto que se hubiera indignado al ver su cara transformada en la de una artista de Hollywood. Fue la peor paradoja que sufriera Gabriela Mistral, mujer de una pieza que odiaba los afeites y adornos: «Hasta su mismo semblante, material de talla heroica y dulce fatiga, es como una encarnación del alma hispánica», cita que en el prólogo «Poesía y periodismo», antes aludido, reproduce las palabras de Jorge Mañach, director de la sección de estudios americana de la Columby Universited de Nueva York. Efectivamente, en sus rasgos faciales hay mucho de la sangre castellana, vasca e india que jalonaron sus ascendientes. Y su muerte a sus sesenta y ocho años fue sólo un dato histórico pero no una desaparición ya que su obra creció en traducciones, reediciones y comentarios de los demás intelectuales del mundo entero.

Este librito nuestro, dentro de esta interesante colección que acerca la vida y la obra de los grandes escritores a los lectores niños y adolescentes, es una prueba de la supervivencia del buen escritor. Y más cuando se trata de Gabriela Mistral, que se realizó como mujer y escritora vertiendo su espíritu en sus tres amores: amor a los niños, amor a la naturaleza, amor a la vida.

Amor a los niños

Gabriela Mistral fue madre sin tener hijos propios. El suicidio de su amado le truncó su vida como mujer y su maternidad frustrada la hizo más fértil como poetisa. Son muchos los poemas dictados por este sentimiento doloroso: el de la madre que no pudo ser. ¡Cómo sustituye la realidad que no vivió con la fantasía poética! Ahí va su poema:

Velloncito de mi carne
que en mi entraña yo tejí,
velloncito friolento,
¡duérmete apegado a mí!
La perdiz duerme en el trébol
escuchándole latir:
no te turben mis alientos,
¡duérmete apegado a mí!

Hierbecita temblorosa
asombrada de vivir
no te sueltes de mi pecho
¡duérmete apegado a mí!

Pero, además del don poético, Gabriela Mistral poseía su vocación de maestra y en su vida profesional entre niños era también madrecita.

Cuentan que en el gran recibimiento con que Chile obsequió a su hija predilecta cuando regresaba de Suecia con el premio Nobel que el rey Gustavo le había entregado, entre la muchedumbre vio a unos niños descalzos y se avergonzó.

Amor a los niños que ya empezó cuando se enamoró del hombre de su vida cuya muerte hizo nacer en ella a la poetisa de fama universal. Los poemas amorosos de Lucila Godoy tenían mucho de maternales, no sólo porque ya soñaba con su hogar y con los hijos, sino porque a él lo trataba como un niño. Hemos escogido para esta sección los versos de más alegría y más ternura. Aquellos que hablan de las rondas de niños, de la fantasía del niño.

Amor a la naturaleza

Agua y aire, árboles y espinos, mar Caribe y tierra de Chile son los temas que, poetizados, sirven a Gabriela para dar sentido a su gran pasión por la naturaleza. Criada en pleno campo, las flores y los pájaros rodearon su infancia. Todo su apasionado ser se impregnaba de cuanto veía a su vera. Después, cuando la vida profesional la llevó a otros paisajes, siempre prefirió trabajar en las escuelas rurales.

Y ya que hemos dicho que su prosa fue un detalle superficial, puesto que la oratoria de Gabriela y sus trabajos en prosa reflejaban enormes dosis de poesía, para plasmar esta pasión por la naturaleza hemos escogido una de las pocas prosas adecuadas para niños.

IMAGEN DE LA TIERRA

No había visto antes la verdadera imagen de la Tierra. La Tierra tiene la actitud de una mujer con un hijo en los brazos (con sus criaturas en los anchos brazos).

Voy conociendo el sentido maternal de las cosas. La montaña que me mira también es madre, y por las tardes la neblina juega como un niño por sus hombros y sus rodillas.

Recuerdo ahora una quebrada del valle. Por su lecho profundo iba cantando una corriente que las breñas hacen todavía invisible. Yo soy como la quebrada; siento cantar en mi hondura este menudo arroyo y le he dado mi carne por breña hasta que suba hacia la luz.

Claro queda que este ejemplo puede servir para las tres vertientes en la obra de la maestra chilena: amor a los niños, amor a la naturaleza y amor a la vida.

Amor a la vida

«Y a la muerte», deberíamos añadir, puesto que su amor acabó en muerte y de allí le brotó la vida que ofreció a los demás.

Amor a la vida que significa amor a los hombres y mujeres, al arte y a la cultura, a la unión entre los humanos, pues, como dice en su poema, «Todo es ronda».

Pero especialmente queremos mencionar su capacidad humana para ser amiga. Marta Salotti, la representante del IBBY en Buenos Aires, me hablaba en su último viaje a Europa de su amistad profunda con Gabriela Mistral. Los que en España la conocieron cuando estuvo en Barcelona y en Madrid, Carmen Conde, M.ª Luz Morales, mi propio hermano Guillermo, estaban entusiasmados con ella. «Sabe hablar y sabe escuchar», es decir, sabe ser amiga.

Prosa

Debemos ponerlo en singular —sólo ofrecemos un original de su obra en prosa—. Y lo lamentamos. Las que conocíamos eran trabajos periodísticos para adultos. Las que lamentamos no conocer forman parte de una antología para la lectura en las escuelas mexicanas, dirigida por el maestro Guzmán Maturana, con cinco volúmenes y más de cincuenta trabajos de Gabriela Mistral; salió entre los años 1916 y 1918, y me fue imposible localizarla.

Pero la singularidad del título *prosa*, o sea, el hecho de que esta sección sólo incluyera una prosa, le da más fuerza todavía, pues se trata de la mayor carta que hemos podido leer.

Es una carta a Dios escrita por una maestra profesional:

> ¡Señor! Tú que enseñaste, perdona que enseñe; que lleve el nombre de maestra, que Tú llevaste por la Tierra.

Así empieza esta carta de antología que revela toda la intensa vocación de una gran mujer, que ama su tarea, que sufre sinsabores, que goza con sus deberes.

> Dame sencillez y dame profundidad; líbrame de ser complicada o banal en mi lección cotidiana.

Toda una lección en este rezo para aquéllos que no creyeron en su fe. Avergüenza pensar que esta maestra extraordinaria estuvo a punto de no poder estudiar la carrera por una mentalidad que le puso veto «por pagana».

¿Pagana quien sabe decir a Dios cosas como ésta?: «¡Sosténme! muchas veces no tendré sino a Ti a mi lado.»

Hay que leer sus poesías, pero también su gran prosa epistolar.

ORACIÓN DE LA MAESTRA

¡Señor! Tú que enseñaste, perdona que yo enseñe; que lleve el nombre de maestra, que Tú llevaste por la Tierra.

Dame el amor único de mi escuela; que ni la quemadura de la belleza sea capaz de robarle mi ternura de todos los instantes. Maestro, hazme perdurable el fervor y pasajero el desencanto. Arranca de mí este impuro deseo de justicia que aún me turba, la mezquina insinuación de protesta que sube de mí cuando me hieren. No me duela la incomprensión ni me entristezca el olvido de lo que enseñé.

Dame el ser más madre que las madres, para poder amar y defender como ellas lo que no es carne de mis carnes. Dame que alcance a hacer de una de mis niñas mi verso perfecto y a dejarte en ella clavada mi más penetrante melodía, para cuando mis labios no canten más. Muéstrame posible tu Evangelio en mi tiempo, para que no renuncie a la batalla de cada día y de cada hora por él.

Pon en mi escuela democrática el resplandor que se cernía sobre tu corro de niños descalzos.

Hazme fuerte, aun en mi desvalimiento de mujer y de mujer pobre; hazme despreciadora de todo poder que no sea puro, de toda presión que no sea la de tu voluntad ardiente sobre mi vida.

¡Amigo, acompáñame! ¡Sosténme! Muchas veces no tendré sino a Ti a mi lado. Cuando mi doctrina sea más casta y más quemante mi verdad, me quedaré sin los mundanos; pero Tú me oprimirás entonces contra tu corazón, el que supo hartarse de soledad y desamparo.

Yo no buscaré sino en tu mirada la dulzura de las aprobaciones. Dame sencillez y dame profundidad; líbrame de ser complicada o banal en mi lección cotidiana.

Dame el levantar los ojos de mi pecho con heridas, al entrar cada mañana en mi escuela. Que no lleve a mi mesa de trabajo mis pequeños afanes materiales, mis mezquinos dolores de cada hora.

Aligérame la mano en el castigo y suavízamela más en la caricia.

¡Reprenda con dolor para saber que he corregido amando!

Haz que haga de espíritu mi escuela de ladrillos. Que envuelva la llamarada de mi entusiasmo su atrio pobre, su sala desnuda. Mi corazón le sea más columna y mi buena voluntad más oro que las columnas y el oro de las escuelas ricas.

Y por fin, recuérdame desde la palidez del lienzo de Velázquez, que enseñar y amar intensamente sobre la Tierra es llegar al último día con el lanzazo de Longinos en el costado ardiente de amor.

AURORA DÍAZ PLAJA

CRONOLOGÍA

1889 Nace Lucile Godoy Alcayaga —su nombre verdadero— en Vicuña.

1906 Primera escuela rural en La Cantera.

1907 Noviazgo con Romelio Ureta, corto por el suicidio de éste pocos meses después.

1910 Obtiene el título de la Escuela de Magisterio.

1914 «Tres sonetos de la muerte» (Premio Nacional en Santiago de Chile).

1915 Con el seudónimo de Gabriela Mistral obtiene la Flor Natural en los Juegos Florales de Santiago de Chile por sus «Sonetos de la muerte».

1918 Libro de lectura dirigido por Guzmán Maturana (con más de cincuenta trabajos de Gabriela Mistral). México,1916-1918.

1922 El Instituto de las Españas de Nueva York los publica dentro del libro *Desolación*.

1923 El secretario de Educación en México, José Vasconcelos, la invita como pedagoga a organizar la Enseñanza.

1923 *Desolación* (Nueva York, Instituto de las Españas).

1923 *Lectura para mujeres* (selección hecha por G. Mistral), México.

1924 En México le publican *Lecturas para mujeres destinadas a la enseñanza del lenguaje*.

1924 Aparece su segundo libro de poesías, *Ternura*.

1926 Delegada por Chile en la Sociedad de Naciones.

1927 Congreso de Enseñanza en Lucano.

1928 Congreso de Academias de la Lengua en Madrid.

1929 Muere su madre Petronila Alcayaga.

1930 La Sociedad de Naciones la invita a trabajar en el ente de cooperación intelectual.

1931 al 1935 Representa la cultura de Chile en los Consulados y Embajadas por Europa: Nápoles, Madrid y Lisboa.

1933 Cargo consular vitalicio de Cultura en España, Portugal, Italia y Estados Unidos.

1935 Gabriela recibe un hijo de un sobrino como bebé sin madre y lo adopta.

1936 Vive en Brasil como embajadora cultural.

1938 Publica su tercer libro poético *Tala*.

1938 De nuevo en Chile, ayuda en la campaña electoral de su gran amigo Pedro Aguirre.

1940 *Historiadores chilenos*.

1945 Recibe el premio Nobel de Literatura de la Academia Noruega y de manos del rey de Suecia.

1946 *Antología* (selección de Gabriela Mistral y prólogo de Ismael Edwards Matte. Santiago de Chile, Zig Zag).

1950 Publica sus *Poemas de las madres*.

1951 Obtiene el premio Nacional chileno como escritora.

1954 Publica su libro poético *Lagar*.

1957 Muere en Nueva York a los 68 años.

1957 Le publican su obra póstuma *Epistolario* y *Recados contando Chile*.

1964 *Poesías completas* (Madrid, Espasa Calpe).

1965 *Páginas en prosa* (Buenos Aires, Kapelusz).

1967 *Poema de Chile* (Barcelona, Pomaire).

1969 *Desolación y otros poemas* (Madrid, Espasa Calpe. Los Premios Nobel, vol. VIII).

1973 *Desolación, Ternura, Tala, Lagar* (introducción de Palma Guillén. Madrid, Porrua).

1974 *Lecturas para mujeres* (Madrid, Porrua).

1975 *Poesías* (selección y prólogo de Eliseo Diego. La Habana, Los Anais).

1978 *Poesías completas* (edición definitiva por Margarita Bates. Madrid, Aguilar).

1981 *Lo mejor de Gabriela Mistral* (Bogotá).

1987 *Poesía dispersa o inédita en verso y prosa* (recopilación por Gaston von dem Bussche. Valparaíso, Estudios Universitarios).

BIBLIOGRAFÍA

ALEGRÍA, Ciro: *Gabriela Mistral íntima*, Bogotá, Oveja Negra.

ALEGRÍA, F.: *Genio y figura de Gabriela Mistral*, Buenos Aires, Eudeba, 1967.

ARCE, Margot: *Gabriela Mistral, persona y poesía*, S. Juan de Puerto Rico, Ed. Asomante, 1958.

BUSSCHE, Gaston von dem: *Visión de una poesía*, Santiago de Chile, Anales de la Universidad.

CABALLERO MALDINI, Francisco: *Gabriela Mistral y su sobrino español en la tragedia de Petrópolis*, Salamanca, Rua Mayor.

CARRIÓN, Benjamín: *Santa Gabriela Mistral. Ensayos*, Quito, Casa de Cultura Ecuatoriana, 1956.

CONCHA, Jaime: *Gabriela Mistral*, Gijón, Júcar, 1987.

CONDE, Carmen: *Gabriela Mistral*, Barcelona, Espasa.

—: *Once grandes poetisas americo-hispanas*, Madrid, Cultura Hispánica, 1967.

DÍAZ ARRIETA, Hernán: *Gabriela Mistral*, Santiago de Chile, Nascumiento, 1946.

—: *Los cuatro grandes de la literatura chilena del siglo XX: Augusto de Halmar, Pedro Pardo, Gabriela Mistral y Pablo Neruda*, Santiago de Chile, Zig Zag, 1963.

FIGUEIRA, Gastón: *De la vida y de la obra de Gabriela Mistral*, Montevideo, 1959.

GAZARIAN-GAUTIER, Marie Lise: *Gabriela Mistral, la maestra de Elqui*, Buenos Aires, Crespillo, 1973.

IGLESIAS, Augusto: *Gabriela Mistral y el modernismo en Chile*, Santiago de Chile, Universidad, 1949.

JOSET, Jacques: *La literatura hispanoamericana*, Barcelona, Oikos Tau.

LADRÓN DE GUEVARA, Matilde: *Gabriela Mistral, rebelde magnífica*, Santiago de Chile, 1957.

LAGOD, Ramiro: *Mujeres poetas de hispanoamérica*, Bogotá, Tercer Mundo.

MARTÍNEZ FERNÁNDEZ, José Enrique: *Gabriela Mistral y los niños*, León, Everest.

MONTES, Hugo: *Poesía actual de Chile y de España: Gabriela Mistral y Vicente Huidobro en la poesía española de hoy*, Barcelona, Sauna, 1963.

MORALES, M.ª Luz: *Alguien a quien conocí: Madame Curie, Keyserling, Gabriela Mistral, Valery, Víctor Català, García Lorca, Malraux*, Barcelona, Juventud.

PINILLA, N.: *Biografía de Gabriela Mistral*, Santiago de Chile, Teguada, 1946.

PRESTON, Mary Charlann: *A study of signifiant variants in the poetry of Gabriela Mistral*, Washington, Catholic University of America Press, 1964.

RODRÍGUEZ PAGAN, Juan Antonio: *Gabriela Mistral, la voz de la América hispánica*, Barcelona, Vasgos, 1973.

ROSENBAUM, Sidonia C.: *Modern woman poets of Spanisch America westport*, Greenword.

SAAVEDRA MOLINO, Julio: *Gabriela Mistral, su vida y su obra*, Santiago de Chile, Universidad, 1946.

SANTADREU, Cora: *Aspectos del estilo en la poesía de Gabriela Mistral*, Santiago de Chile, Anales de la Universidad.

SILVA CASTRO, Raúl: *Estudio sobre Gabriela Mistral*, Santiago de Chile, Zig Zag, 1935.

SILVA, Lautaro: *Vida y obra de Gabriela Mistral*, Buenos Aires, Andina.

SZMULEWICZ, Efraim: *Gabriela Mistral. Biografía emotiva*, Santiago de Chile, 1958.

TAYLOR MARTIN, O.: *Sensibilidad religiosa de Gabriela Mistral*, Madrid, Gredos, 1976.

TORRES RIOSECO, Arturo: *Gabriela Mistral, profunda amistad, un dulce recuerdo*, Valencia, Castalia.

VITIER, Cynthio: *La voz de Gabriela Mistral*, Santa Clara, 1957.

ANTOLOGÍA

Amor a los niños

A NOEL

¡Noel, el de la noche del prodigio,
Noel de barbas caudalosas,
Noel de las sorpresas delicadas
y las sandalias sigilosas!

Esta noche te dejo mi calzado
colgando en los balcones:
antes que hayas pasado frente a ellos,
no viertas tus bolsones.

Noel, Noel, te vas a encontrar húmedas
mis medias de rocío,
mirando con ojitos que te atisban
las barbazas de río...

Sacude el llanto, y deja cada una
perfumada y llenita,
con el anillo de la Cenicienta
y el lobo de Caperucita...

Y no olvides a Marta. También deja
su zapatito abierto.
Es mi vecina, y yo la quiero, desde
que su mamita ha muerto.

ALBRICIAS
LA MANCA

QUE MI dedito lo cogió una almeja,
y que la almeja se cayó en la arena,
y que la arena se la tragó el mar.
Y que del mar la pescó un ballenero,
y que el ballenero llegó a Gibraltar;
y que en Gibraltar cantan pescadores;
—«Novedad de tierra sacamos del mar,
novedad de un dedito de niña;
¡la que esté manca lo venga a buscar!»

Que me den un barco para ir a traerlo,
y para el barco me den capitán,
para el capitán que me den soldada,
y que él por soldada pide la ciudad;
Marsella, con torres y plazas y barcos,
de todo el mundo la mejor ciudad,
que no será hermosa con una niñita
a la que robó su dedito el mar,
y a que balleneros en pregones cantan
y están esperando sobre Gibraltar...

BOTONCITO

Yo TENÍA un botoncito
aquí, junto al corazón.
Era blanco y pequeñito
como el grano del arroz.

De la luz lo defendía
en la hora del calor.
Yo tenía un botoncito
apegado al corazón.

Fue creciendo, fue creciendo
y mi sombra la pasó.
Fue tan alto como un árbol
y su frente como el sol.

Fue creciendo, fue creciendo
y el regazo me llenó;
y se fue por los caminos
como arroyo cantador...

Lo he perdido, y así canto
por mecerme mi dolor:
«¡Yo tenía un botoncito
apegado al corazón!»

CAPERUCITA ROJA

Caperucita Roja visitará a la abuela
que en el poblado próximo postra un extraño mal.
Caperucita Roja, la de los rizos rubios,
tiene el corazoncito tierno como un panal.

A las primeras luces ya se ha puesto en camino
y va cruzando el bosque con un pasito audaz.
Le sale al paso Maese Lobo, de ojos diabólicos.
«Caperucita Roja, cuéntame a dónde vas.»

Caperucita es cándida como los lirios blancos...
—«Abuelita ha enfermado. Le llevo aquí un pastel
y un pucherito suave, que deslíe manteca.
¿Sabes del pueblo próximo? Vive a la entrada de él.»

Y después, por el bosque discurriendo encantada,
escoge bayas rojas, corta ramas en flor,
se enamora de unas mariposas pintadas
que le hacen olvidarse del viaje del Traidor...

El Lobo fabuloso de blanqueados dientes,
ha pasado ya el bosque, el molino, el alcor,
golpea en la plácida puerta de la abuelita,
que le abre. (A la niña ha anunciado el Traidor.)

Ha tres días el pérfido no sabe de bocado.
¡Pobre abuelita inválida, quién la va a defender!
...Se la comió sonriendo, sabia y pausadamente
y se ha puesto en seguida sus ropas de mujer.

Tocan dedos menudos a la entornada puerta.
De la arrugada cama dice el Lobo: —«¿Quién va?»

La voz es ronca. —«Pero la abuelita está enferma»,
la niña ingenua explica. «De parte de mamá.»

Caperucita ha entrado, olorosa de bayas.
Le tiemblan en la mano gajos de salvia en flor.
«Deja los pastelitos; ven a entibiarme el lecho.»
Caperucita cede al reclamo de amor.

De entre la cofia salen las orejas monstruosas.
«¿Por qué tan largas?», dice la niña con candor.
Y el velludo engañoso, abrazado a la niña:
«¿Para qué son tan largas? Para oírte mejor.»

El cuerpecito rosa le dilata los ojos.
El terror en la niña los dilata también.
«Abuelita, decidme: ¿por qué esos grandes ojos?»
«Corazoncito mío, para mirarte bien...»

Y el viejo Lobo ríe, y entre la boca negra
tienen los dientes blancos un terrible fulgor.
—«Abuelita, decidme: ¿por qué esos grandes dientes?»
—«Corazoncito, para devorarte mejor...»

Ha arrollado la bestia, bajo sus pelos ásperos,
el cuerpecito trémulo, suave como un vellón;
y ha molido las carnes, y ha molido los huesos,
y ha exprimido como una cereza el corazón...

CON TAL QUE DUERMAS

LA ROSA colorada
cogida ayer;
el fuego y la canela
que llaman clavel;

el pan horneado
de anís con miel,
y el pez de la redoma
que la hace arder:

todito tuyo,
hijito de mujer,
con tal que quieras
dormirte de una vez.

La rosa, digo:
digo el clavel.
La fruta, digo,
y digo que la miel;

y el pez de luces
y más y más también,
¡con tal que duermas
hasta el amanecer!

CORDERITO

Corderito mío,
suavidad callada:
mi pecho es tu gruta
de musgo afelpada.

Carnecita blanca,
tajada de luna:
lo he olvidado todo
por hacerme cuna.

Me olvidé del mundo
y de mí no siento
más que el pecho vivo
con que te sustento.

Yo sé de mí sólo
que en mí te recuestas.
Tu fiesta, hijo mío,
apagó las fiestas.

EL CORRO LUMINOSO

Corro de las niñas,
corro de mil niñas
a mi alrededor:
¡oh Dios, yo soy dueña
de este resplandor!

En la tierra yerma,
sobre aquel desierto
mordido de sol,
¡mi corro de niñas
como inmensa flor!

En el llano verde,
al pie de los montes
que hería la voz,
¡el corro era un solo
divino temblor!

En la estepa inmensa,
en la estepa yerta
de desolación,
¡mi corro de niñas
ardiente de amor!

En vano queréis
ahogar mi canción:
¡un millón de niños
la canta en un corro
debajo del sol!

En vano queréis
quebrarme la estrofa
de tribulación:
¡el corro la canta
debajo de Dios!

LA CUNA

CARPINTERO, carpintero,
haz la cuna de mi infante.

Corta, corta los maderos,
que yo espero palpitante.

Carpintero, carpintero,
baja el pino del repecho,
y lo cortas en la rama
que es tan suave cual mi pecho.

Carpintero ennegrecido,
fuiste, fuiste criatura.
Al recuerdo de tu madre,
labras cunas con dulzura.

Carpintero, carpintero,
mientras yo a mi niño arrullo,
que se duerma esta noche
sonriendo el hijo tuyo...

DORMIDA

Meciendo mi carne,
meciendo a mi hijo,
voy moliendo el mundo
con mis pulsos vivos.

El mundo, de brazos
de mujer molido,
se me va volviendo
vaho blanquecino.

El bulto del mundo,
por vigas y vidrios,
entra hasta mi cuarto,
cubre madre y niño.

Son todos los cerros
y todos los ríos,
todo lo creado,
todo lo nacido...

Yo mezo, yo mezo
y veo perdido
cuerpo que me dieron,
lleno de sentidos.

Ahora no veo
ni cuna ni niño,
y el mundo me tengo
por desvanecido...

¡Grito a Quien me ha dado
el mundo y el hijo,
y despierto entonces
de mi propio grito!

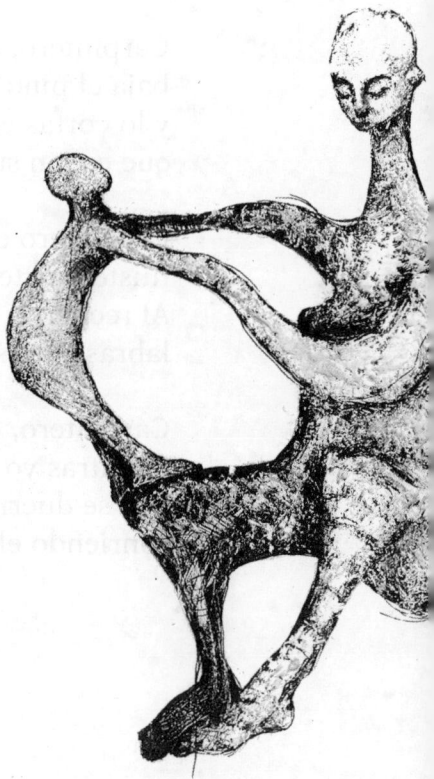

ENCANTAMIENTO

Este niño es un encanto
parecido al fino viento:
si dormido lo amamanto,
que me bebe yo no siento.

Es más travieso que el río
y más suave que la loma:
es mejor el hijo mío
que este mundo al que se asoma.

Es más rico, más, mi niño
que la tierra y que los cielos:
en mi pecho tiene armiño
y en mi canto terciopelos...

Y es su cuerpo tan pequeño
como el grano de mi trigo;
menos pesa que su sueño;
no se ve y está conmigo.

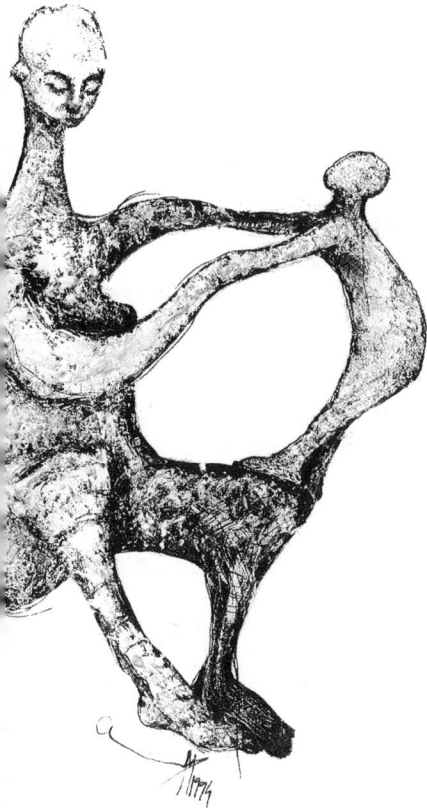

ESTRELLITA

Estrellita sobre
mi pecho caída,
¡ay! de milagrosa
no pareces mía.

Me dormí una noche,
desperté con ella
que resplandecía
caída en mis trenzas.

Grité a mis hermanas,
que acudieron prestas.
¿No veis que en las sábanas
echa luz y tiembla?

Y saliendo al patio
clamé a las incrédulas:
—¡Mirad que no es niña,
palpad que es estrella!

JESÚS

Haciendo la ronda,
se nos fue la tarde.
El sol ha caído:
la montaña no arde.

Pero la ronda seguirá,
aunque en el cielo el sol no está.

Danzando, danzando,
la viviente fronda
no lo oyó venir
y entrar en la ronda.

Ha abierto el corro, sin rumor,
y al centro está hecho resplandor.

Callando va el canto,
callando de asombro.
Se oprimen las manos,
se oprimen temblando.

Y giramos a Su redor,
y sin romper el resplandor...

Ya es silencio el coro,
ya ninguno canta:
se oye el corazón
en vez de garganta.

¡Y mirando Su rostro arder,
nos va a hallar el amanecer!

LOS QUE NO DANZAN

UNA NIÑA que es inválida
dijo: —«¿Cómo danzo yo?»
Le dijimos que pusiera
a danzar su corazón...

Luego dijo la quebrada:
—«¿Cómo cantaría yo?»
Le dijimos que pusiera
a cantar el corazón...

Dijo el pobre cardo muerto:
—«¿Cómo, cómo danzo yo?»
Le dijimos: —«Pon al viento
a volar tu corazón...»

Dijo Dios desde la altura:
—«¿Cómo bajo del azul?»
Le dijimos que bajara
a danzarnos en la luz.

Todo el valle está danzando
en un corro bajo el sol,
y a quien falta se le vuelve
de ceniza el corazón...

MANITAS...

Manitas de los niños,
manitas pedigüeñas,
de los valles del mundo
sois dueñas.

Manitas de los niños
que hacia el árbol se tienden,
por vosotros los frutos
se encienden.

Y los panales llenos
se vierten y se hienden.
¡Y los hombres que pasan
no entienden!

Manitas blancas, hechas
como de suave harina,
la espiga por tocaros
se inclina.

Manitas extendidas,
manos de pobrecitos,
benditos los que os colman,
¡benditos!

Benditos los que oyendo
que parecéis un grito,
os devuelven el mundo:
¡benditos!

ME TUVISTE

DUÉRMETE, mi niño,
duérmete sonriendo,
que es la ronda de astros
quien te va meciendo.

Gozaste la luz
y fuiste feliz.
Todo bien tuviste
al tenerme a mí.

Duérmete, mi niño,
duérmete sonriendo,
que es la Tierra amante
quien te va meciendo.

Miraste la ardiente
rosa carmesí.
Estrechaste el mundo:
me estrechaste a mí.

Duérmete, mi niño,
duérmete sonriendo,
que es Dios en la sombra
quien te va meciendo.

MIEDO

Yo no quiero que a mi niña
golondrina me la vuelvan,
se hunde volando en el Cielo
y no baja hasta mi estera;
en el alero hace el nido
y mis manos no la peinan.
Yo no quiero que a mi niña
golondrina me la vuelvan.

Yo no quiero que a mi niña
la vayan a hacer princesa.
Con zapatitos de oro,
¿cómo juega en las praderas?
Y cuando llegue la noche
a mi lado no se acuesta...
Yo no quiero que a mi niña
la vayan a hacer princesa.

Y menos quiero que un día
me la vayan a hacer reina.
La pondrían en un trono
a donde mis pies no llegan.
Cuando viniese la noche
yo no podría mecerla...
¡Yo no quiero que a mi niña
me la vayan a hacer reina!

NIÑO CHIQUITO

ABSURDO de la noche,
burlador mío,
sí-es no-es de este mundo,
niño dormido.

Aliento angosto y ancho
que oigo y no miro,
almeja de la noche
que llamo hijo.

Filo de largo vuelo,
filo de silbo,
filo de larga estrella,
niño dormido.

A cada hora que duermes
más ligerito.
Pasada medianoche,
ya apenas niño.

Espesa losa, techo
pesado, lino áspero,
canto duro,
sobre mi hijo.

Aire insensato, estrellas
hirvientes, río
terco, porfiado buho
sobre mi hijo.

En la noche tan grande
tan poco niño,
tan poca prueba y seña,
tan poco signo.

Vergüenza tanta noche
y tanto río,
y tanta madre tuya
niño dormido...

Achicarse la tierra
como sus caminos,
aguzarse la esfera
palpando niño.

Mandársete la noche
en lo divino,
yo en la urna del sueño,
hijo dormido.

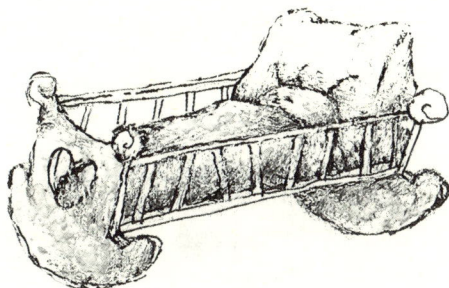

EL NIÑO SOLO

Como escuchase un llanto, me paré en el repecho
y me acerqué a la puerta del rancho del camino.
Un niño de ojos dulces me miró desde el lecho
¡y una ternura inmensa me embriagó como un vino!

La madre se tardó, curvada en el barbecho;
el niño, al despertar, buscó el pezón de rosa
y rompió en llanto... Yo lo estreché contra el pecho,
y una canción de cuna me subió, temblorosa...

Por la ventana abierta la luna nos miraba.
El niño ya dormía, y la canción bañaba,
como otro resplandor, mi pecho enriquecido...

Y cuando la mujer, trémula, abrió la puerta,
me vería en el rostro tanta ventura cierta,
¡que me dejó el infante en los brazos dormido!

PIECECITOS

Piececitos de niño,
azulosos de frío,
¡cómo os ven y no os cubren,
Dios mío!

Piececitos heridos
por los guijarros todos,
ultrajados de nieves
y lodos.

El hombre ciego ignora
que por donde pasáis,
una flor de luz viva
dejáis;

que allí donde ponéis
la plantita sangrante,
el nardo nace más
fragante.

Sed, puesto que marcháis
por los caminos rectos,
heroicos como sois,
perfectos.

Piececitos de niño,
dos joyitas sufrientes,
¡cómo pasan sin veros
las gentes!

QUE NO CREZCA

QUE EL niño mío
así se me queda.
No mamó mi leche
para que creciera.
Un niño no es el roble,
y no es la ceiba.
Los álamos, los pastos,
los otros crezcan;
en malvavisco
mi niño se queda.

Ya no falta nada;
risa, maña, queja,
aire y donaire;
sobra que crezca.

Si crece, lo ven todos
y le hacen señas.
Me lo envalentonan
mujeres necias
y los mocetones
que a casa llegan:
no mire mi niño
monstruos de legua.

Los cinco veranos
que tiene tenga.
Así como está
baila y galanea.
En talla de una vara
caben sus fiestas,

caben las Pascuas
con las Noches Buenas.

Mujeres locas
no griten y sepan:
nacen y no crecen
el Sol y las piedras,
nunca maduran
y quedan eternas.
En la majada
cabritas y ovejas,
maduran y se mueren:
¡malhaya ellas!

¡Dios mío, páralo!
¡Nunca más crezca!
Páralo y sálvalo:
¡mi hijo no se muera!

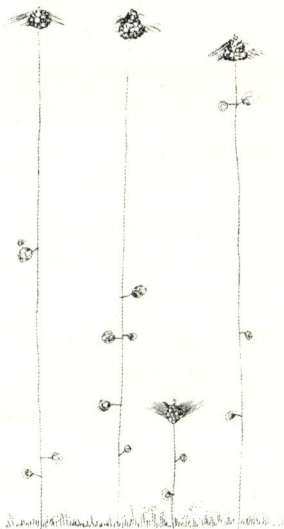

RECADO DE NACIMIENTO, PARA CHILE

MI AMIGO me escribe: «Nos nació una niña.»
La carta esponjada me llega
de aquel vagido. Y yo la abro y pongo
el vagido caliente en mi cara.

Les nació una niña con los ojos suyos,
que son tan bellos cuando tiene dicha,
y tal vez con el cuello de la madre
que es parecido a cuello de vicuña.

Les nació de sorpresa una noche,
como se abre la hoja del plátano.
No tenía pañales cortados
la madre, y rasgó el lienzo al dar su grito.

Y la chiquita se quedó una hora
con su piel de suspiro,
como el niño Jesús en la noche,
lamida del Géminis, el León y el Cangrejo,
cubierta del Zodíaco de enero.

Se la pusieron a la madre al pecho
y ella se vio recién nacida,
con una hora de vida y los ojos
pegados de cera...

Le decía al bultito los mismos primores
que María la de las vacas, y María la de las cabras:
—«Conejo cimarrón», «Suelta de talle» [1]...

---

[1] Expresión popular chilena que quiere decir desparpajada y donairosa
a la vez.

Y la niña gritaba, pidiéndole
volver donde estaba sin las estaciones...

Cuando abrió los ojos,
la besaron los monstruos arribados:
la tía Rosa, la «china» Juana,
dobladas como los grandes quillayes
sobre la perdiz de dos horas.

Y volvió a llorar despertando vecinos,
noticiando al barrio,
importante como la Armada Británica,
sin querer aplacarse hasta que todos hubiesen sabido...

Le pusieron mi nombre,
para que coma salvajemente fruta,
quiebre las hierbas donde repose
y mire el mundo tan familiarmente
como si ella lo hubiese creado, y por gracia...

Mas añadieron en aquel conjuro
que no tenga nunca mi suelta imprudencia,
que no labre pañales para osos
ni se ponga a azotar a los vientos...

Pienso ahora en las cosas pasadas,
en esa noche cuando ella nacía
allá en un claro de mi Cordillera.

Yo soñaba una higuera de Elqui
que manaba su leche en mi cara.
El paisaje era seco, las piedras,
mucha sed, y la siesta, una rabia.
Me he despertado y me ha dicho mi sueño:

—«Lindo suceso camina a tu casa.»
Ahora les escribo los encargos:
No me le opriman el pecho con faja.
Llévenla al campo verde de Aconcagua,
pues quiero hallármela bajo un aromo
en desorden de lanas, y como encontrada.

Guárdenle la cerilla del cabello,
porque debo peinarla la primera
y lamérsela como vieja loba.
Mézanla sin canto, con el puro ritmo
de las viejas estrellas.

Ojalá que hable tarde y que crezca poco;
como la manzanilla está bien.
Que la parturienta la deje
bajo advocación de Marta o Teresa.
Marta hacía panes
para alimentar al Cristo hambreado
y Teresa gobernó sus monjas
como el viejo Fabre sus avispas bravas...

Yo creo volver para Pascua
en el tiempo de tunas[2] fundidas,
y cuando en vitrales ardan los lagartos.
Tengo mucho frío en Lyon
y me abrigo nombrando el sol de Vicuña.

Me la dejarán unas noches
a dormir conmigo.
Ya no tengo aquellas pesadillas duras,
y con el armiño, me duermo tres meses.

---

[2] Higos chumbos.

Dormiré con mi cara tocando
su oreja pequeña,
y así le echaré soplo de Sibila.
(Kipling cuenta de alguna pantera
que dormía olfateando un granito
de mirra pegado en su pata...)

Con su oreja pequeña en mi cara,
para que, si me muero, me sienta,
porque estoy tan sola
que se asombra de que haya mujer así, sola,
el cielo burlón,
¡y se para en tropel el Zodíaco
a mirar si es verdad o si es fábula
esta mujer que está sola y dormida!

ROMANCE DEL ESTABLO DE BELÉN

AL LLEGAR la media noche
y al romper en llanto el Niño,
las cien bestias despertaron
y el establo se hizo vivo...

Y se fueron acercando
y alargaron hasta el Niño
sus cien cuellos anhelantes,
como un bosque estremecido.

Bajó un buey su aliento al rostro
y se lo exhaló sin ruido,
y sus ojos fueron tiernos
como llenos de rocío...

Una oveja lo frotaba
contra su vellón suavísimo
y las manos le lamían
en cuclillas dos cabritos...

Las paredes del establo
se cubrieron sin sentirlo
de faisanes y de ocas
y de gallos y de mirlos.

Los faisanes descendieron
y pasaban sobre el Niño
su ancha cola de colores;
y las ocas de anchos picos,

arreglábanle las pajas;
y el enjambre de los mirlos
era un vuelo palpitante
sobre el recién nacido.

Y la Virgen entre el bosque
de los cuernos, sin sentido,
agitada iba y venía
sin poder tomar al Niño.

Y José sonriendo iba
acercándose en su auxilio...
¡Y era como un bosque todo
el establo conmovido!

RONDAS DE NIÑOS
DAME LA MANO

DAME la mano y danzaremos;
dame la mano y me amarás.
Como una sola flor seremos,
como una flor, y nada más...

El mismo verso cantaremos,
al mismo paso bailarás.
Como una espiga ondularemos,
como una espiga, y nada más.

Te llamas Rosa y yo Esperanza;
pero tu nombre olvidarás,
porque seremos una danza
en la colina, y nada más...

SUEÑO GRANDE

A NIÑO tan dormido
no me lo recordéis.
Dormía así en mi entraña
con mucha dejadez.

Yo lo saqué del sueño
de todo su querer,
y ahora se me ha vuelto
a dormir otra vez.

La frente está parada
y las sienes también.
Los pies son dos almejas
y los costados pez.

Rocío tendrá el sueño
que es húmeda su sien.
Tendrá música el sueño
que le da su vaivén.

Resuello se le oye
en agua de correr;
pestañas se le mueven
en hoja de laurel.

Les digo que lo dejen
con tanto y tanto bien,
hasta que se despierte
de sólo su querer...

El sueño se lo ayudan
el techo y el dintel,
la Tierra que es Cibeles,
la madre que es mujer.

A ver si yo le aprendo
dormir que me olvidé
y se lo aprende tanta
despierta cosa infiel.

Y nos vamos durmiendo
como de su merced,
de sobras de ese sueño,
hasta el amanecer...

LA TIERRA Y LA MUJER

MIENTRAS tiene luz el mundo
y despierto está mi niño,
por encima de su cara,
todo es un hacerse guiños.

Guiños le hace la alameda
con sus dedos amarillos,
y tras de ella vienen nubes
con piruetas de cabritos...

La cigarra, al mediodía,
con el frote le hace guiño,
y la maña de la brisa
guiña con su pañalito.

Al venir la noche hará
guiño socarrón el grillo,
y en saliendo las estrellas,
me le harán sus santos guiños...

Yo le digo a la otra Madre,
a la llena de caminos:
—«Haz que duerma tu pequeño
para que se duerma el mío.»

Y la muy consentidora,
la rayada de caminos,
me contesta: —«Duerme al tuyo
para que se duerma el mío.»

Amor a la naturaleza

AGUA

Hay países que yo recuerdo
como recuerdo mis infancias,
son países de mar o río,
de pastales, de vegas y aguas.
Aldea mía sobre el Ródano,
rendida en río y en cigarras;
Antilla en palmas verdi-negras
que a medio mar está y me llama;
¡roca lígure de Portofino:
mar italiana, mar italiana!

Me han traído a país sin río,
tierras-Agar, tierras sin agua;
Saras blancas y Saras rojas,
donde pecaron otras razas,
de pecado rojo de atridas
que cuentan gredas tajeadas;
que no nacieron como un niño
con unas carnazones grasas,
cuando las oigo, sin un silbo,
cuando las cruzo, sin mirada.

Quiero volver a tierras niñas;
llévenme a un blanco país de aguas.

En grandes pastos envejezca
y haga al río fábula y fábula.
Tenga una fuente por mi madre
y en la siesta salga a buscarla,
y en jarras baje de una peña
un agua dulce, aguda y áspera.

Me venza y pare los alientos
el agua acérrima y helada.
¡Rompa mi vaso y al beberla
me vuelva niñas las entrañas!

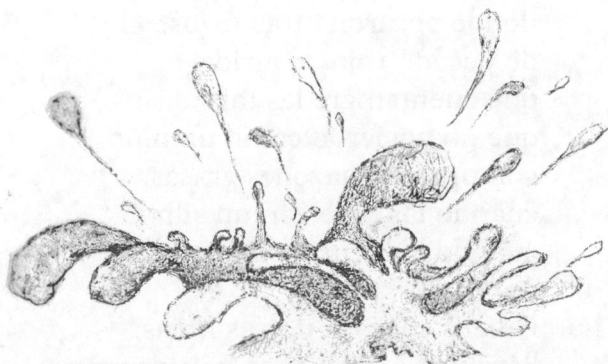

EL AIRE

En el llano y la llanada
de salvia y menta salvaje,
encuentro como esperándome
el Aire.

Gira redondo, en un niño
desnudo y voltijeante,
y me toma y arrebata
por su madre.

Mis costados coge enteros,
por cosa de su donaire,
y mis ropas entregadas
por casales...

Silba en áspid de las ramas
o empina los matorrales;
o me para los alientos
como un Ángel.

Pasa y repasa en helechos
y pechugas inefables,
que son gaviotas y aletas
de Aire.

Lo tomo en una brazada;
cazo y pesco, palpitante,
ciega de plumas y anguilas
del Aire...

A lo que hiero no hiero,
a lo tomo sin lograrlo,
aventándome y cazándome
burlas de Aire...

Cuando camino de vuelta,
por encinas y pinares,
todavía me persigue
el Aire.

Entro en mi casa de piedra
con los cabellos jadeantes,
ebrios, ajenos y duros
del Aire.

En la almohada, revueltos,
no saben apaciguarse,
y es cosa, para dormirme,
de atarles...

Hasta que él allá se cansa
como un albatros gigante,
o una vela que rasgaron
parte a parte.

Al amanecer, me duermo
—cuando mis cabellos caen—
como la madre del hijo,
rota del Aire...

CANCIÓN DEL TAURUS

El Toro carga al niño
al hombre y la mujer,
y el Toro carga el mundo
con tal que se lo den.

Búscame por el cielo
y me verás pacer.

Ahora no soy rojo
como cuando era res.
Subí de un salto al cielo
y aquí me puse a arder.

A veces soy lechoso,
a veces color miel.

Arden igual que llamas
mis cuernos y mi piel.
Y arde también mi ruta
hasta el amanecer.

No duermo ni me apago
para no serte infiel.

CANCIÓN QUECHUA

Donde fue Tihuantisuyo,
nacían los indios.
Llegábamos a la puna
con danzas, con himnos.

Silbaban quenas, ardían
dos mil fuegos vivos.
Cantaban Coyas de oro
y Amautas benditos.

Bajaste ciego de soles,
volando dormido,
para hallar viudos los aires
de llama y de indio.

Y donde eran maizales
ver subir el trigo
y en lugar de las vicuñas
topar los novillos.

¡Regresa a tu Pachacamac,
En-Vano-Venido,
Indio loco, Indio que nace,
pájaro perdido!

CIMA

La hora de la tarde, la que pone
su sangre en las montañas.

Alguien en esta hora está sufriendo;
una pierde, angustiada,
en este atardecer el solo pecho
contra el cual estrechaba.

Hay algún corazón en donde moja
la tarde aquella cima ensangrentada.

El valle ya está en sombra
y se llena de calma.
Pero mira de lo hondo que se enciende
de rojez la montaña.

Yo me pongo a cantar siempre a esta hora
mi invariable canción atribulada.
¿Seré yo la que baño
la cumbre de escarlata?

Llevo a mi corazón la mano, y siento
que mi costado mana.

LA CUENTA-MUNDO

Niño pequeño, aparecido
que no viniste y que llegaste,
te contaré lo que tenemos
y tomarás de nuestra parte.

EL AIRE

Esto que pasa y que se queda,
esto es el Aire, esto es el Aire,
que, sin boca que tú le veas,
te toma y besa, padre amante.
Ay, le rompemos sin romperle;
herido vuela sin quejarse,
y parece que a todos lleva
y a todos deja, por bueno, el Aire.

LA LUZ

Por los áires anda la Luz
que para verte, hijo, me vale.
Si no estuviese, todas las cosas
que te aman no te mirasen;
en la noche te buscarían,
todas gimiendo y sin hallarte.

Ella se cambia, ella se trueca
y nunca es cosa de saciarse.
Amar el mundo nos creemos,
pero amamos la Luz que cae.

La Bendita, cuando nacías,
tomó tu cuerpo para llevarte.
Cuando yo muera y que te deje,
¡síguela, hijo, como a tu madre!

EL AGUA

¡Niño mío, que susto tienes
con el Agua adonde te traje,
y todo el susto por el gozo
de la cascada que se reparte!
Cae y cae como mujer,
ciega en espuma de pañales.
Ésta es el Agua, ésta es el Agua,
santa que vino de pasaje.
Corriendo va con cuerpo bajo
y con espumas de señales.
En un momento se allegó
y en un momento queda distante.
Y pasando se lleva el campo
y lleva el niño con su madre...
¡Beben del Agua dos orillas,
bebe la Sed de sorbos grandes,
beben ganados y yuntadas,
y no se acaba el Agua Amante!

PINAR

Vamos cruzando ahora el bosque
y por tu cara pasan árboles,
y yo me paro y yo te ofrezco;
pero no pueden abajarse.

La noche tiende sus criaturas,
menos Pinares que constantes,
viejos heridos mana que mana
gomas santas, tarde a la tarde.
Si ellos pudieran te cogerían,
para llevarte de valle en valle,
y pasarías de brazo en brazo,
corriendo, hijo, de padre en padre...

FUEGO

Como la noche ya se vino
y con su raya va a borrarte,
vamos a casa por el camino
de los ganados y del Arcángel.
Ya encendieron en casa el Fuego
y en espinos montados arde.
Éste es el fuego que mataría
y sólo sabe solazarte.
Salta en aves rojas y azules;
puede irse y quiere quedarse.
En donde estabas lo tenías.
Está en mi pecho sin quemarte,
y está en el canto que estoy cantando:
¡ámalo donde lo encontrases!
¡En la noche, el frío y la muerte,
bueno es el Fuego para adorarse,
y es bendito para seguirlo,
hijo mío, de ser Arcángel!

LA CASA

La mesa, hijo, está tendida
en blancura quieta de nata,
y en cuatro muros azulea,
dando relumbres, la cerámica.
Ésta la sal, éste es el aceite
y al centro el Pan que casi te habla.
Oro más lindo que oro del Pan
no está ni en fruta ni en retama,
y es su olor de horno y de espiga
el de una dicha que no sacia.
Lo partimos, hijito, juntos,
con dedos duros y palma blanda,
y te lo miras asombrado
de tierra negra que da flor blanca.

Baja la mano de comer,
que tu madre también la baja.
Los trigos, hijo, son del aire,
y son del sol y de la azada;
pero este Pan, «cara de Dios» [3],
no llega a mesas de las casas.
Y si otros niños no lo tienen,
mejor, mi hijo, no lo tocáramos;
y no morderlo mejor sería
con una boca atribulada.

Hijo, el Hambre, cara de mueca,
en remolina gira las parvas.
De un lado va carro de trigo,

[3] En Chile, el pueblo llama al pan «cara de Dios».

del otro, el Hambre corcovada.
Para que lo halle, si ahora entra,
el Pan dejemos hasta mañana,
y el fuego ardiendo pinte la puerta,
que el indio quechua nunca cerraba,
y yo oiga comer al Hambre,
para dormir con cuerpo y alma.

LA TIERRA

Niño indio, si estás cansado,
tú te acuestas sobre la Tierra,
y lo mismo si estás alegre,
hijo mío, juega con ella...

Se oyen cosas maravillosas
al tambor indio de la Tierra:
Se oye el fuego que sube y baja
buscando el cielo, y no sosiega.
Rueda y rueda, se oyen los ríos
en cascadas que no se cuentan.

Se oye mugir los animales;
se oye el hacha comer la selva.
Se oyen sonar telares indios.
Se oyen trillas, se oyen fiestas.

Donde el indio lo está llamando,
el tambor indio le contesta,
y tañe cerca y tañe lejos,
de que huye y de que regresa...

Todo lo carga, todo lo toma
y no hay tesoro que lo pierda,
y lleva a cuestas, lo que duerme,
lo que camina y que navega,
y lleva a vivos y lleva a muertos
el tambor indio de la Tierra.

Cuando muera, no llores, hijo:
pecho a pecho ponte con ella;
te sujetas pulso y aliento
como que todo o nada fueras,
y la madre que viste rota
la sentirás volver entera,
¡y oirás, hijo, día y noche,
caminar viva tu madre muerta!

DOÑA PRIMAVERA

Doña Primavera
viste que es primor,
viste en limonero
y en naranjo en flor.

Lleva por sandalias
unas anchas hojas,
y por caravana
unas fucsias rojas.

Salid a encontrarla
por esos caminos.
¡Va loca de soles
y loca de trinos!

Doña Primavera
de aliento fecundo,
se ríe de todas
las penas del mundo...

No cree al que le hable
de las vidas ruines.
¿Cómo va a toparlas
entre los jazmines?

¿Cómo va a encontrarlas
junto de las fuentes
de espejos dorados
y cantos ardientes?

Da la tierra enferma
en las pardas grietas,
enciende rosales
de rojas piruetas.

Pone sus encajes
prende sus verduras,
en la piedra triste
de las sepulturas...

Doña Primavera
de manos gloriosas,
haz que por la vida
derramemos rosas:

Rosas de alegría,
rosas de perdón,
rosas de cariño,
y de exultación.

LA LLUVIA LENTA

Esta agua medrosa y triste,
como un niño que padece,
antes de tocar la tierra
desfallece.

Quieto el árbol, quieto el viento,
¡y en el silencio estupendo,
este fino llanto amargo
cayendo!

El cielo es como un inmenso
corazón que se abre, amargo.
No llueve: ¡es un sangrar lento
y largo!

Dentro del hogar, los hombres
no sienten esta amargura,
¡este envío de agua triste
de la altura!

Este largo y fatigante
descender de aguas vencidas,
¡hacia la Tierra yacente
y transida!

Llueve... y como un chacal trágico
la noche acecha en la sierra.
¿Qué va a surgir, en la sombra,
de la tierra?

¿Dormiréis, mientras afuera
cae, sufriendo, esta agua inerte,
esta agua letal, hermana
de la Muerte?

MAR CARIBE

Isla de Puerto Rico,
isla de palmas,
apenas, cuerpo, apenas,
como la Santa,
apenas posadura
sobre las aguas;
del millar de palmeras
como más alta,
y en las dos mil colinas
como llamada.

La que como María
funde al nombrarla
y que, como paloma,
vuela nombrada.

Isla en amaneceres
de mi gozada,
sin cuerpo acongojado,
trémula de alma;
de sus constelaciones
amamantada,
en la siesta de fuego
punzada de hablas,
y otra vez en el alba
adoncellada.

Isla en caña y cafés
apasionada;
tan dulce de decir
como una infancia;
bendita de cantar

como un ¡hosanna!
Sirena sin canción
sobre las aguas,
ofendidas de mar
en marejada:
¡Cordelia de las olas,
Cordelia amarga!

Seas salvada como
la corza blanca,
y como el llama nuevo
del Pachacámac [4]
y como el huevo de oro
de la nidada,
y como la Ifigenia,
viva en la llama.

Te salven los Arcángeles
de nuestra raza:
Miguel castigador,
Rafael que marcha,
y Gabriel que conduce
la hora colmada.

Antes que en mí se acaben
marcha y mirada;
antes que carne mía
sea una fábula
y antes que mis rodillas
vuelen en ráfagas...

[Día de la liberación de Filipinas.]

---

[4] Dios máximo de los quechuas.

LA MEDIANOCHE

Fina, la medianoche.
Oigo los nudos del rosal:
la savia empuja subiendo a la rosa.

Oigo
las rayas quemadas del tigre
real: no le dejan dormir.

Oigo
la estrofa de uno,
y le crece en la noche
como la duna.

Oigo
a mi madre dormida
con dos alientos.
(Duermo yo en ella,
de cinco años.)

Oigo el Ródano
que baja y que me lleva como un padre,
ciego de espuma ciega.

Y después ya no oigo
sino que voy cayendo
en los muros de Arlés
llenos de sol...

LA PAJITA

Esta que era una niña de cera;
pero no era una niña de cera,
era una gavilla parada en la era.
Pero no era una gavilla,
sino la flor tiesa de la maravilla [5].
Tampoco era la flor, sino que era
un rayito de sol pegado a la vidriera.
No era un rayito de sol siquiera:
una pajita dentro de mis ojitos era.

¡Alléguense a mirar cómo he perdido entera,
en este lagrimón, mi Pascua verdadera!

---

[5] En Chile llamamos «flor de la maravilla» al girasol.

PAN

DEJARON un pan en la mesa,
mitad quemado, mitad blanco,
pellizcado encima y abierto
en unos migajones de ampo.

Me parece nuevo o como no visto,
y otra cosa que él no me ha alimentado,
pero volteando su miga, sonámbula,
tacto y olor se me olvidaron.

Huele a mi madre cuando dio su leche,
huele a tres valles por donde he pasado:
a Aconcagua, a Pátzcuaro, a Elqui,
y a mis entrañas cuando yo canto.

Otros olores no hay en la estancia
y por eso él así me ha llamado;
y no hay nadie tampoco en la casa
sino este pan abierto en un plato,
que con su cuerpo me reconoce
y con el mío yo reconozco.

Se ha comido en todos los climas
el mismo pan en cien hermanos:
pan de Coquimbo, pan de Oaxaca,
pan de Santa Ana y de Santiago.

En mis infancias yo le sabía
forma de sol, de pez o de halo,
y sabía mi mano su miga
y el calor de pichón emplumado...

Después le olvidé, hasta este día
en que los dos nos encontramos,
yo con mi cuerpo de Sara vieja
y él con el suyo de cinco años.

Amigos muertos con que comíalo
en otros valles, sientan el vaho
de un pan en septiembre molido
y en agosto en Castilla segado.

Es otro y es el que comimos
en tierras donde se acostaron.
Abro la miga y les doy su calor;
lo volteo y les pongo su hálito.

ROCÍO

ÉSTA ERA una rosa
llena de rocío:
éste era mi pecho
con el hijo mío.

Junto sus hojitas
para sostenerlo:
se esquiva el viento
por no desprenderlo.

Descendió una noche
desde el cielo inmenso:
y del amor tiene
su aliento suspenso.

De dicha se queda
callada, callada:
no hay rosa entre rosas
más maravillada.

Ésta era una rosa
llena de rocío:
éste era mi pecho
con el hijo mío.

RONDA DE LA CEIBA ECUATORIANA

A Emma Ortiz

¡En el mundo está la luz,
y en la luz está la ceiba,
y en la ceiba está la verde
llamarada de la América!

¡Ea, ceiba, ea, ea!

Árbol ceiba no ha nacido
y la damos por eterna,
y los indios no la plantan,
y los ríos no la riegan.

Ella tuerce contra el cielo
veinte cobras verdaderas,
y en lo negro de la noche
las espaldas le espejean.

¡Ea, ceiba, ea, ea!

No la alcanzan los ganados
ni le llega la saeta;
miedo de ella tiene el hacha
y las llamas no la queman.

En sus gajos de repente
se arrebata y se ensangrienta
y la ceiba arrebatada
canta entonces como Débora.

¡Ea, ceiba, ea, ea!

Por septiembre, el viejo pecho
de la madre se platea
y su santa leche cae
en cuajada y en guedejas.

A su nombre de giganta
bailan todas las doncellas,
y sus madres que están muertas
bajan a bailar con ellas.

¡Ea, ceiba, ea, ea!

Damos mano y damos mano
a las vivas y a las muertas,
y giramos y giramos
las mujeres y las ceibas...

¡En el mundo está la luz,
y en la luz está la ceiba,
y en la ceiba está la verde
llamarada de la América!

TIERRA DE CHILE
VOLCÁN OSORNO

VOLCÁN de Osorno, David
que te hondeas a ti mismo,
mayoral en llanada verde,
mayoral ancho de tu gentío.

Salto que ya va a saltar
y que se queda cautivo;
lumbre que el indio cegaba,
huemul[6] de nieves, albino.

Volcán del Sur, gracia nuestra,
no te tuve y serás mío,
no me tenías y era tuya,
en el Valle donde he nacido.

Ahora caes a mis ojos,
ahora bañas mis sentidos,
y juego a hacerte la ronda,
foca blanca, viejo pingüino...

Cuerpo que reluces, cuerpo
a nuestros ojos caído,
que en el agua del Llanquihue
comulgan, bebiendo, tus hijos.

Volcán Osorno, el fuego es bueno
y lo llevamos como tú mismo
el fuego de la tierra india,
al nacer, lo recibimos.

---

[6] Ciervo chileno.

Guarda las viejas regiones,
salva a tu santo gentío,
vela indiada de leñadores,
guía chilotes que son marinos.

Guía a pastores con tu relumbre,
Volcán Osorno, viejo novillo,
¡levanta el cuello de tus mujeres,
empina gloria de tus niños!

¡Boyero blanco, tu yugo blanco,
dobla cebadas, provoca trigos!
Da a tu imagen la abundancia,
rebana el hambre con gemido.

¡Despeña las voluntades,
hazte carne, vuélvete vivo,
quémanos nuestras derrotas
y apresura lo que no vino!

Volcán Osorno, pregón de piedra,
peán que oímos y no oímos,
quema la vieja desventura,
¡mata a la muerte como Cristo!

TRES ÁRBOLES

TRES ÁRBOLES caídos
quedaron a la orilla del sendero.
El leñador los olvidó, y conversan,
apretados de amor, como tres ciegos.

El sol de ocaso pone
su sangre viva en los hendidos leños,
¡y se llevan los vientos la fragancia
de su costado abierto!

Uno, torcido, tiende
su brazo inmenso y de follaje trémulo
hacia otro, y sus heridas
como dos ojos son, llenos de ruego.

El leñador los olvidó. La noche
vendrá. Estaré con ellos.
Recibiré en mi corazón sus mansas
resinas. Me serán como de fuego.
Y mudos y ceñidos,
nos halle el día en un montón de duelo.

VERANO

Verano, verano rey,
del abrazo incandescente,
sé para los segadores
¡dueño de hornos! más clemente.

Abajados y doblados
sobre sus pobres espigas,
ya desfallecen. ¡Tú manda
un viento de alas amigas!

Verano, la tierra abrasa:
llama tu sol allá arriba;
llama tu granada abierta;
y el segador, llama viva.

Las vides están cansadas
del producir abundoso
y el río corre en huida
de tu castigo ardoroso.

Mayoral rojo, verano,
el de los hornos ardientes,
no te sorbas la frescura
de las frutas y las fuentes...

¡Caporal, echa un pañuelo
de nube y nube tendidas,
sobre la vendimiadora,
de cara y manos ardidas!

Amor a la vida y a la muerte

LOS SONETOS DE LA MUERTE [7]

I

Del nicho helado en que los hombres te pusieron,
te bajaré a la tierra humilde y soleada.
Que he de morirme en ella los hombres no supieron,
y que hemos de soñar sobre la misma almohada.

Te acostaré en la tierra soleada con una
dulcedumbre de madre para el hijo dormido,
y la tierra ha de hacerse suavidades de cuna
al recibir tu cuerpo de niño dolorido.

Luego iré espolvoreando tierra y polvo de rosas,
y en la azulada y leve polvareda de luna,
los despojos livianos irán quedando presos.

Me alejaré cantando mis venganzas hermosas,
¡porque a ese hondor recóndito la mano de ninguna
bajará a disputarme tu puñado de huesos!

---

[7] Dos de los «Tres sonetos de la muerte», de su libro *Desolación*.

Este largo cansancio se hará mayor un día,
y el alma dirá al cuerpo que no quiere seguir
arrastrando su masa por la rosada vía,
por donde van los hombres, contentos de vivir...

Sentirás que a tu lado cavan briosamente,
que otra dormida llega a la quieta ciudad.
Esperaré que me hayan cubierto totalmente...
¡y después hablaremos por una eternidad!

Sólo entonces sabrás el por qué no madura
para las hondas huesas tu carne todavía,
tuviste que bajar, sin fatiga, a dormir.

Se hará luz en la zona de los sinos, oscura;
sabrás que en nuestra alianza signo de astros había
y, roto el pacto enorme, tenías que morir...

CANCIÓN DE LAS MUCHACHAS MUERTAS

Recuerdo de mi sobrina Graciela

¿Y LAS POBRES muchachas muertas,
escamoteadas en abril,
las que asomáronse y hundiéronse
como en las olas el delfín?

¿A dónde fueron y se hallan
encuclilladas por reír,
agazapadas esperando
voz de un amante que seguir?

¿Borrándose como dibujos
que Dios no quiso reteñir
o anegadas poquito a poco
como en sus fuentes un jardín?

A veces quieren en las aguas
ir componiendo su perfil,
y en las carnudas rosas-rosas
caso consiguen sonreír.

En los pastales acomodan
su talle y bulto de ceñir
y casi logran que una nube
les preste cuerpo por ardid;

casi se juntan las deshechas;
casi llegan al sol feliz;
casi deshacen su camino;
y van llegándose hasta mí;

casi deshacen su traición
y caminan hacia el redil.
¡Y casi vemos en la tarde
el divino millón venir!

EL HIMNO COTIDIANO

En este nuevo día,
que me concedes ¡oh, Señor!
dame mi parte de alegría
y haz que consiga ser mejor.

Dame Tú el don de la salud,
la fe, el ardor, la intrepidez,
séquito de la juventud;
y la cosecha de verdad,
la reflexión, la sensatez,
séquito de la ancianidad.

Dichoso yo si, al fin del día,
un odio menos llevo en mí;
si una luz más mis pasos guía
y si un error más yo extinguí.

Y si por la rudeza mía
nadie sus lágrimas vertió,
y si alguien tuvo la alegría
que mi ternura le ofreció.

Que cada tumbo en el sendero
me vaya haciendo conocer
cada pedrusco traicionero
que mi ojo ruin no supo ver.

Y más potente me incorpore,
sin protestar, sin blasfemar.
Y mi ilusión la senda dore,
y mi ilusión me la haga amar.

Que dé la suma de bondad,
de actividades y de amor
que a cada ser se manda dar:
suma de esencias a la flor
y de albas nubes a la mar.

Y que, por fin, mi siglo engreído
en su grandeza material,
no me deslumbre hasta el olvido
de que soy barro y soy mortal.

Ame a los seres este día;
a todo trance halle la luz.
Ame mi gozo y mi agonía:
¡ame la prueba de mi cruz!

LA MADRE GRANADA

(Plato de cerámica de Chapelle aux Pots.)

CONTARÉ UNA historia en mayólica
rojo-púrpura y rojo-encarnada,
en mayólica mía, la historia
de Madre Granada.

Madre Granada estaba vieja,
requemada como un panecillo;
mas la consolaba su real corona,
larga codicia del membrillo.

Su profunda casa tenía partida
por delgadas lacas
en naves donde andan los hijos
vestidos de rojo-escarlata.

Con pasión de rojeces, les puso
la misma casulla encarnada.
Ni nombre les dio ni los cuenta nunca,
para no cansarse, la Madre Granada.
Dejó abierta la puerta,
la Congestionada,
soltó el puño ceñido,
de sostener las mansiones, cansada.

Y se fueron los hijos
de la Empurpurada.
Quedóse durmiendo y vacía
la Madre Granada...

Iban como las hormigas,
estirándose en ovillos,
iguales, iguales, iguales,
río escarlata de monaguillos.

A la Catedral solemne llegaron,
y abriendo la gran puerta herrada,
entraron como langostinos
los hijos de Madre Granada.

En la Catedral eran tantas naves
como cámaras en las granadas,
y los monaguillos iban y venían
en olas y olas encontradas...

Un cardenal rojo decía el oficio
con la espalda vuelta de los armadillos.
A una vez se inclinaba o se alzaba
el millón de los monaguillos.

Los miraban los rojos vitrales,
desde lo alto, con viva mirada,
como treinta faisanes de roja
pechuga asombrada.

Las campanas se echaron al vuelo;
despertaron todo el vallecillo.
Sonaban en rojo y granate,
como cuando se quema el castillo.

Al escándalo de los bronces,
fueron saliendo en desbandada
y en avenida bajaron la puerta
que parecía ensangrentada.

La ciudad se levanta tarde
y la pobre no sabe nada.
Van los hijos dejando las calles;
entran al campo a risotadas...

Llegan a su tronco, suben en silencio,
entran al estuche de Madre Granada,
y tan callados se quedan en ella
como la piedra de la Kaaba.

Madre Granada despertóse llena
de su millón rojo y sencillo;
se balanceó por estar segura;
pulsó su pesado bolsillo.

Y como iba contando y contando,
de incredulidad, la Madre Granada,
estallaron en risa los hijos
y ella se partió de la carcajada...

La granada partida en el huerto
era toda una fiesta incendiada.
La cortamos, guardando sus fueros
a la Coronada.

La sentamos en un plato blanco,
que asustó su rojez insensata.
Me ha contado su historia, que pongo
en rojo-escarlata.

LA RATA

Una rata corrió a un venado,
y los venados al jaguar,
y los jaguares a los búfalos,
y los búfalos a la mar...

¡Pillen, pillen a los que se van!
¡Pillen a la rata, pillen al venado,
pillen a los búfalos y a la mar!

Miren que la rata que va delante
se lleva en las patas lana de bordar,
y con la lana bordo mi vestido,
y con el vestido me voy a casar.

¡Sigan y sigan la llamada,
corran sin aliento, corran sin parar
el cortejo de la novia,
el ramo y el velo nupcial!
¡Vuelen campanas, vuelen torres
por las bodas en la Catedral!

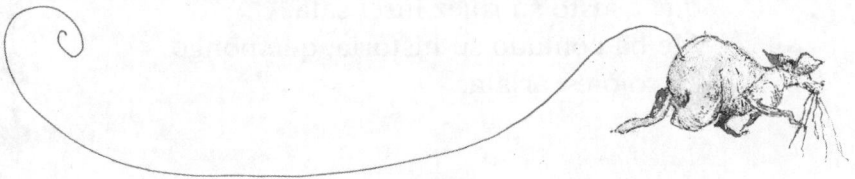

TODAS ÍBAMOS
A SER REINAS

Todas íbamos a ser reinas,
de cuatro reinos sobre el mar:
Rosalía con Efigenia
y Lucila con Soledad.

En el valle de Elqui, ceñido
de cien montañas o de más,
que como ofrendas o tributos
arden en rojo o azafrán.

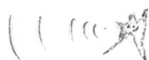

Lo decíamos embriagadas,
y lo tuvimos por verdad,
que seríamos todas reinas
y llegaríamos al mar.

Con las trenzas de los siete años,
y batas claras de percal,
persiguiendo tordos huidos
en la sombra del higueral.

De los cuatro reinos, decíamos,
indudables como el Korán,
que por grandes y por cabales
alcanzarían hasta el mar.

Cuatro esposos desposarían,
por el tiempo de desposar,
y eran reyes y cantadores
como David, rey de Judá.

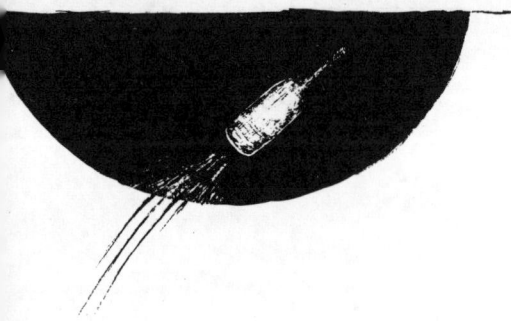

Y de ser grandes nuestros reinos,
ellos tendrían, sin faltar,
mares verdes, mares de algas,
y el ave loca del faisán.

Y de tener todos los frutos,
árbol de leche, árbol de pan,
el guayacán no cortaríamos
ni morderíamos metal.

Todas íbamos a ser reinas,
y de verídico reinar;
pero ninguna ha sido reina
ni en Arauco ni en Copán.

Rosalía besó marino
ya desposado con el mar,
y al besador, en las Guaitecas,
se lo comió la tempestad.

Soledad crió siete hermanos
y su sangre dejó en su pan,
y sus ojos quedaron negros
de no haber visto nunca el mar.

En las viñas de Montegrande,
con su puro seno candeal,
mece los hijos de otras reinas
y los suyos nunca-jamás.

Efigenia cruzó extranjero
en las rutas, y sin hablar,
le siguió, sin saberle nombre,
porque el hombre parece el mar.

Y Lucila, que hablaba a río,
a montaña y cañaveral,
en las lunas de la locura
recibió reino de verdad.

En las nubes contó diez hijos
y en los salares su reinar,
en los ríos ha visto esposos
y su manto en la tempestad.

Pero el valle de Elqui, donde
son cien montañas o son más,
cantan las otras que vinieron
y las que vienen cantarán:

—«En la tierra seremos reinas,
y de verídico reinar,
y siendo grandes nuestros reinos,
llegaremos todas al mar.»

TODO ES RONDA

Los ASTROS son ronda de niños,
jugando la tierra a mirar...
Los trigos son talles de niñas,
jugando a ondular..., a ondular...

Los ríos son rondas de niños,
jugando a encontrarse en el mar...
Las olas son rondas de niñas,
jugando la Tierra a abrazar...

SENSITIVA

YA NO JUEGO en las praderas y temo columpiarme con las mozas. Soy como la rama con fruto.

Estoy débil, tan débil que el dolor de las rosas me hizo desvanecer esta siesta, cuando bajé al jardín. Y un simple canto que viene en el viento o la gota de sangre que tiene la tarde en el cielo, me turban, me anegan de dolor. De la sola mirada de mi dueño, si fuera dura para mí esta noche, yo no podría morir.

Prosas

ENSAYO SOBRE SUS POESÍAS:
CANCIONES DE CUNA Y RONDAS

EL GÉNERO de la «canción de cuna» en cuanto a cosa que la madre se regala a sí misma y no al niño que nada puede entender.

[...]

La mujer es quien más canta en este mundo, pero ella aparece tan poco creadora en la historia de la música que casi la recorre de labios sellados. Me intrigó siempre nuestra esterilidad para producir ritmos y disciplinarlos en la canción, siendo que los criollos vivimos punzados de ritmos y los coge y compone hasta el niño. ¿Por qué las mujeres nos hemos atrevido con la poesía y no con la música? ¿Por qué hemos optado por la palabra, expresión más grave de consecuencias y cargada de lo conceptual, que no es reino nuestro?

Hurgando en esta aridez para la creación musical, caí sobre la isla de las canciones de cuna. Seguramente los «arrullos» primarios, los folclóricos, que son los únicos óptimos, salieron de pobrecitas mujeres ayunas de todo arte y ciencia melódicos. Las primeras Evas comenzaron por mecer a secas, con las rodillas o la cuna; luego se dieron cuenta de que el vaivén adormece más subrayado por el rumor; este rumor no iría más lejos que el runrún de los labios cerrados.

Pero pronto le vino a la madre un antojo de palabras enderezadas al niño y a sí misma. Porque las mujeres no podemos quedar mucho tiempo pasivas, aunque se hable de nuestro sedentarismo, y menos callarnos por años. La madre buscó y encontró, pues, una manera de hablar consigo misma, meciendo al hijo, y además comadreando con él, y por añadidura con la noche «que es cosa viva».

La canción de cuna sería un coloquio diurno y nocturno de la madre con su alma, con su hijo, y con la Gea visible de día y audible de noche.

Los que han velado enfermos, o pernoctado en el campo, y las que conocen la espera de marido o hermano, todos los que viven la vela, saben bien que la noche es persona plural y activa. «La noche es legión», como dice del Demonio el Evangelio. Tal vez nos engañemos creyendo que la luz multiplica las cosas y que la noche las unifica. La verdad sería el que la tiniebla, fruto enorme y vago, se parte en gajos de rumores. Al agrandarlo todo, ella estira el ruido breve y engruesa el bulto pequeño, por lo cual vienen a ser muy ricas las tinieblas. La madre desvelada pasa, pues, a convivir en este mundo subterráneo que la asusta con su falsa inmensidad y la fertiliza con su misterio numeroso.

La mujer no sólo oye respirar al chiquito; siente también a la tierra matriarca que hierve de prole. Entonces se pone a dormir a su niño de carne, a los de la matriarca y a sí misma, pues el «arrorró» tumba al fin a la propia cantadora...

Esta madre, con su boca múltiple de diosa hindú, recuenta en la canción sus afanes del día; teje y desteje sueños para cuando el sí-es-no-es vaya creciendo; ella dice bromas respecto del gandul; ella lo encarga en serio a Dios y en juego a los duendes; ella lo asusta con amenazas fraudulentas y lo sosiega antes de que se las crea. La letra de la canción va desde la zumbonería hasta el patético, hace un zigzag de jugarreta y de angustia, de bromas y ansiedades. (Confieso que los «arrorrós» que más me gustan son los disparatados porque aquí, mejor que en parte alguna, la lógica ha de aventarse, y con cajas destempladas.)

Poco o nada ha mudado el repertorio de las canciones de cuna en la América. Es bien probable que nunca las haya hecho el pueblo criollo sino que siga cantando hace cuatro siglos las prestadas de España, rumiando pedazos de arrullos andaluces y castellanos, que son maravilla de gracia verbal. Nosotras tal vez hemos armado algunas frases sobre los alambres ancestrales o hemos zurcido con algunos motes criollos las telas originales.

Nuestras abuelas amamantaban, nuestra madre también, a Dios gracias; después sobrevino una caída de la maternidad corporal, tanto en la disminución de los hijos como en la rehúsa de muchas mujeres a criar, a ser la «higuera de leche» de los cuentos.

¿Quién va a hacer, pues, estas canciones? El aya, mujer de paga, repetirá las que sabe, el hijo de otra no la embriaga tanto como para que ella las invente por rebose de amor y menos aún por sobra de dicha. Y la canción de cuna es nada más que la segunda leche de la madre criadora. A la leche se asemeja ella en la hebra larga, en el sabor dulzón y en la tibieza de entraña. Por lo tanto, la mujer que no da el pecho y no siente el peso del niño en la falda, la que no hace dormir ni de día ni de noche, ¿cómo va a tararear una *berceuse*?, ¿cómo podría decir al niño cariños arrebatados revueltos con travesuras locas? La cantadora mejor será siempre la madre-fuente, la mujer que se deja beber casi dos años, tiempo bastante para que un acto se dore de hábito, se funda y suelte jugos de poesía.

[...]

Estas canciones están harto lejos de las folclóricas que colman mi gusto, y yo me lo sé como el vicio de mis cabellos y el desmaño de mis ropas.

Aquellos que siguen el trance y los percances de las lenguas coloniales, como siguen los Carreles el de los tejidos parchados del cuerpo, solamente ellos pueden explicar cabalmente el fracaso de nuestra literatura infantil. Ellos están seguros como yo de que el folclore es, por excelencia, la literatura de niños y de que los pueblos ayunos de él conquistarán el género muy tarde.

El poeta honrado sabe dónde falló y lo confiesa. Yo, además de saberlo, declaro que fuera de dos o tres afortunadas que están aquí, las demás son un *moulage* tieso, junto a la carne elástica de las populares.

Nacieron, las pobres, para convidar, mostrando sus pies inválidos, a que algún músico las echase a andar, y las hice mitad por regusto de los «arrullos» de mi infancia y mitad por servir la emoción de otras mujeres (el poeta es un desatanudos y el amor sin palabras nulo es, y ahoga).

En lo de hallar pies corredores, estas canciones de cuna no anduvieron malaventuradas y hasta han tenido suerte loca. Mexicanos, chilenos y argentinos que pasan la docena, les prestaron su ayuda decisiva. Fueron ellas honradas de más, fueron hasta transfiguradas. En «nanas», en tonadas, en vidalitas, la música es cuerpo glorioso y la carne nada le añade; ellas no viven de la letra, su sangre como su alimento no arrancan de ésta. Tiene un mayorazgo tal la música sobre la escritura que bien puede tratarla «con el pie». (Acaso por no haber sido despreciados los textos será que la música criolla corre cabalgando sobre unas letras tan bobas o cursis.)

Me conozco, según decía, los defectos y los yerros de cada una de mis meceduras orales, y, sin embargo, las di y las doy ahora todas, aunque sepa que las complejas y manidas debieron quedarse por abortadas. Una vez más yo cargo aquí, a sabiendas, con las taras del mestizaje verbal... Pertenezco al grupo de los malaventurados que nacieron sin edad patriarcal y sin Edad Media; soy de los que llevan entrañas, rostro y expresión conturbados e irregulares, a causa del injerto; me cuento entre los hijos de esa cosa torcida que se llama una experiencia racial, mejor dicho, una violencia racial.

Sigo escribiendo «arrullos» con largas pausas; tal vez me moriré haciéndome dormir, vuelta madre de mí misma, como las viejas que desvarían con los ojos fijos en sus rodillas vanas, o como el niño del poeta japonés que quería dormir su propia canción antes de dormirse él...

Pudieran no servir a nadie y las haría lo mismo. Tal vez a causa de que mi vida fue dura, bendije siempre el sueño y lo doy por la más ancha gracia divina. En el sueño he tenido mi casa más holgada y ligera, mi patria verdadera, mi planeta dulcísimo. No hay praderas tan espaciosas, tan deslizables y tan delicadas para mí como las suyas.

Algunos trechos de estas canciones —a veces uno o dos versos logrados— me dan la salida familiar hacia mi país furtivo, me abren la hendija o trampa de la escapada. El punto de la música por donde el niño se escabulle y deja a la madre burlada y cantando inútilmente, ese último peldaño me lo conozco muy bien: en tal o cual palabra, el niño y yo damos vuelta la espalda y nos escapamos dejando caer el mundo, como la capa estorbosa en el correr...

Quiero decir con esta divagación que no perdí el «arrullo» de los dos años: me duermo todavía sobre un vago soporte materno y con frecuencia paso de una frase rezagada de mi madre o mía, al gran regazo oscuro de la Madre Divina que desde la otra orilla me recoge como a una alga rota que fue batida el día entero y vuelve a ella.

Sobre las rondas debería decir alguna cosa, y muchas más sobre las poesías infantiles escritas hace veinticinco años, a fin de ser perdonada de maestros y niños.

Diré solamente que por aquellos años estaba en pañales el género infantil en toda la América nuestra: tanteos y más tanteos. El menester es tan arduo que seguimos tanteando todavía, porque según acabo de decirlo, nacimos monstruosamente, como no nacen las razas: sin infancia, en plena pubertad y dando, desde el indio al europeo, el salto que descalabra y rompe los huesos.

En la poesía popular española, en la provenzal, en la italiana del medioevo, creo haber encontrado el material más genuinamente infantil de rondas que yo conozca. El propio folclore adulto de esas mismas regiones está lleno de piezas válidas para los niños. Hurgando en eso cuanto me era dable hurgar, supe yo, artesana ardiente pero fallida, que me faltaban en sentidos, y entraña, siete siglos de Edad Media criolla, de tránsito moroso y madurador, para ser capaz de dar una docena de «arrullos» y «rondas» castizos, léase criollos.

El versolari o payador de los chiquitos, el chantre de su catedral enana y el ayo de sus gargantas no se hace, llega lentamente con ruta astronómica que nadie puede poner al galope. Seguimos teniendo en agraz muchas capacidades, aunque logremos por otro lado del espíritu algunas sazones repentinas, lo mismo que los frutos que muestran una cara empedernida y otra madura.

ÍNDICE

El libro es el mejor medio de comunicación del pensamiento humano.

Autor, traductor, editor, diseñador e ilustrador, impresor, distribuidor y librero, coordinan sus conocimientos y su trabajo hasta conseguir un producto agradable, económico y asequible para todo el mundo, de fácil circulación y conservación, de valor permanente y universal. Ningún otro medio de comunicación conocido hasta hoy reúne estas cualidades.

Las bibliotecas son el mejor depósito de la Cultura. Los profesionales de la Crítica y de la Enseñanza ayudan y orientan a los lectores sobre los libros más adecuados a sus necesidades.

La lectura es una necesidad y un placer y su extensión es garantía de progreso humano.

En suma, el libro es un instrumento social poderoso y de su contenido y la forma en que se produzca y distribuya depende que se utilice al servicio de unos u otros intereses. Por eso, el factor más importante del libro es el lector: sólo la existencia de éste hace posible la de las otras personas que intervienen en él y decide su orientación. Un lector crítico y exigente estimula la aparición y consolidación de buenos autores y asegura una producción editorial independiente y avanzada.

Invitamos a todos los lectores a comunicarse con cuantos han contribuido a la aparición de este libro, aportando todo tipo de sugerencias y críticas. Puede dirigir sus cartas a:

EDICIONES DE LA TORRE
Espronceda, 20
28003-Madrid